절벽 끝에 걸린 철학

어느 암벽등반가의 인생론과 운동관,
그리고 사회를 바라보는 시선

김종식

나라는 존재를 찾아 탐구하는 시간

절벽 끝에
걸린 철학

김종식 지음

어느 암벽등반가의 인생론과 운동관,
그리고 사회를 바라보는 시선

문학공감

서론

생각은 머리가 하는 운동이며, 운동은 몸이 하는 생각이다.
이 둘이 조화로운 사람은 더욱 건강한 사회적 삶을 영위하게 될 것이다.

❖ **차례** ❖

서론 ··· 4

제1부 / 생각하는 삶

예순 즈음에 ··· 13
네 인생의 정점은 언제인가? ································ 16
    `아포리즘 01` 인생 역전 ································ 17
성취는 재능인가 노력인가? ································· 18
위기에서의 세 가지 유형, 두려움에 관하여 ············ 24
자기와 다른 삶에 대하여 함부로 말하지 않기 ········· 28
    `아포리즘 02` 항문과 입 ································ 31
오직 바람으로만 지구 한 바퀴 ······························· 32
    `아포리즘 03` 바람 ·· 34
너의 시선이 나를 결정한다? ································ 35
어떻게 가르칠 것인가? ·· 44
    `아포리즘 04` 자기애 ····································· 49
단점이 장점으로 될 수 있는가? ···························· 50
    `아포리즘 05` 거울, 투시되는 벽 ···················· 53

CONTENTS

아빠, 나는 어떻게 태어났어요? ····· 54
기존 길을 간 사람을 위하여: 예의에 관하여 ····· 58
    아포리즘 06   나로부터의 먼지 ····· 60
끼어들기 사고, 누구의 잘못인가? ····· 61
휴식과 연습 ····· 63
    아포리즘 07   가족의 기능 ····· 65
모르던 나무의 이름을 알았다 ····· 66
    아포리즘 08   사랑 ····· 67
엄마와 사치 ····· 68
59년 만에 만난 아버지 ····· 71

제2부 / 운동하는 삶

운동과 수명은 관계가 있는가? ····· 77
희소식, 운동량 보존의 법칙 ····· 82
도토리 키에도 등급이 있다 ····· 85
잠자기 전후 5분의 중요성 ····· 91
    아포리즘 09   운동의 의미 ····· 94
아프면 조율이 필요한 때 ····· 95

건강을 위한 행동 포인트 3가지 ················· 97
슬럼프 탈출법 ································· 101
난이도를 어떻게 올릴 것인가? ················ 104
미는 힘과 당기는 힘-보조 운동 1 ············· 107
상하, 좌우, 강함과 유연함-보조 운동 2 ······· 110
    아포리즘 10   힘과 유연성 ················· 113
운동 궁합 ····································· 114
음주와 운동 ··································· 118

제3부 / 사회적 삶

나의 2억 5,251만 원은 도대체 어디에? ········ 127
일하지 않는 30%의 개미 ······················ 131
    아포리즘 11   개인주의와 이기주의 ··········· 133
노인과 젊은이, 누가 더 일을 많이 하는가? ···· 134
나는 보수인가 진보인가? ······················ 138
    아포리즘 12   약속에 관하여 ················· 149
가르기 정치 ··································· 150
백 마리째 원숭이가 되자 ······················ 157

CONTENTS

우리의 소원은 통일인가? ·· 163
    아포리즘 13 사랑 ·· 165
오만과 겸손에 대하여, 오름과 내림 ·································· 166
ASPD(반사회적인격장애)란 무엇인가? ······························ 170
숫자 살인 ·· 173
문제 해결을 위한 일반적인 시각과 특수한 시각 ················ 176
    아포리즘 14 희생에 관하여 ······································ 180
외계인은 올까? ·· 181
    아포리즘 15 인간의 굴레 ·· 183
인간은 선한 존재인가 악한 존재인가 ································ 184
    아포리즘 16 화두 ·· 186

1부

생각하는 삶

과학적으로 인간은 생각하기 때문에 존재하는 것이 아니라, 존재하기 때문에 생각하는 것이다. 그러나 철학자 데카르트가 "나는 생각한다, 고로 나는 존재한다"라고 말했을 때, 그 또한 좋은 말이다. 그것은 인간의 존재에 중요한 의미를 부여하고 있기 때문이다. 사유는 인간의 삶에 기쁨과 즐거움을 선사한다.

예순 즈음에

오늘 실내 클라이밍 짐에 새로운 회원이 왔다. 운동 중 쉬는 시간에 이런저런 이야기를 나누다가 어느새 '새로운 시작'에 대한 얘기를 나누게 되었다. 서른여섯 살이라는 그녀는, 하던 일을 그만두고 잠시 쉬고 있는 지금의 자신을 스스로 '백수'라 부르며 쓴웃음을 지었다.

"다른 일을 해보고 싶은데…."
"하면 되죠."
"그게 쉽지 않아요. 그런데 선생님은 언제부터 이 일 하셨어요?"
"13년쯤 되었어요."
"그렇다면…."

계산해 보니, 나는 마흔셋에 등반을 처음 시작했고, 마흔여섯에 직업적 등반가로 뛰어들었다.

"와~ 정말 용기가 대단하시네요."
"그 대가로 이렇게 가난하게 삽니다."
"그래도 하고 싶은 걸 직업으로 하고 산다는 게 얼마나 행복해요."

"정말 그렇게 생각해요?"

"네…."

"그러면 ○○ 씨도 하고 싶은 걸 하세요."

"그런데 저는 용기가 안 나요. 너무 늦은 것 같아요."

"늦었다고 생각될 때가…."라고 말했을 때, 그녀는 내 말을 잇기도 전에 말을 잘랐다.

"가장 빠른 때이다?"

어디서 많이 들어본, 진부한 문구라는 듯한 표정이었다. 하지만 나는 개의치 않고, 오래 마음에 품어온 생각을 건넸다.

"가장 빠른 때인지는 모르겠지만, 분명 가능한 때지요."

잠시 침묵이 흘렀다.

돌이켜보면 나의 인생 타이밍은 언제나 늦는 편이었다. 남들보다 늦은 이십 대 후반에는 글쓰기에 뛰어들었다가, 삼십 대 후반에 갑자기 한국어와 영어 강사 생활을 시작했다.

암벽등반은 마흔셋에 난생처음으로 배워 직업으로까지 이어졌는데, 내가 살아온 수많은 일들 가운데 가장 오래 붙잡은 일이 되었고 아마 앞으로도 가장 길게 이어질 것 같다. 많은 새로운 시도를 통해 내가 정말 하고 싶으며, 잘할 수 있는 일을 찾은 것이다. 10년만, 아니 5년만이라도 일찍 시작했더라면 하는 아쉬움은 늘 있었지만, 결론은 그때라도 시작한 것이 참 좋다는 것이다.

글을 쓰지 않은 지는 20년 가까이 되었다. 암벽등반은 글쓰기와는 전혀 상관이 없기 때문이다. 그런데 어느 날 문득, 나는 글쓰기를 한 번도 그만둔 적이 없다는 생각이 들었다. 블로그와 카페에 등반기를 남겼고, 어느새 그것들은 형식을 달리해 영상으로도 이어졌다. 지겹도록, 그러나 끊임없이 흘러나온 이야기였다.

밤마다 뇌의 절반은 깨어있었고, 새벽녘 눈을 뜨면 머릿속은 이미 빼곡한 이야기들로 가득했다. 노트에 옮겨 적은 것도 있었지만, 바람처럼 흘려보낸 것들이 더 많았다. 등반에 대한 단상, 인생과 등반의 닮은 점, 자식 걱정, 정치와 세상에 대한 근심까지….

그러나 나는 그것이 싫었다. 오롯이 깊은 잠에 빠지고 싶었다. 나는 왜 불면의 밤들을 지새우면서, 이토록 세상을 끊임없이 해석하려 들었을까. 어린 시절, 동네에 홍수가 나도 모른 채 곤히 자던 아이였는데….

머리가 무거워서 더 이상 들고 다니기가 힘들다. 그렇다면 내려놓아야 했다. 그 방법은 산란하게 흩어진 생각의 조각들을 차곡차곡 정리하는 것. 그래, 머릿속의 데이터를 책이라는 외장 하드에 옮겨 담자. 그렇게 해야만 한결 가벼워질 것 같았다.

오늘은 2025년 4월 2일. 나는 책을 쓰기 시작했다. 쉰아홉, 내게는 아직도 '가능한 때'다.

네 인생의 정점은 언제인가?

오래전에 나의 선생님께서 이렇게 물어보셨다. 인생 전반에 관한 것은 아니고, 오직 클라이밍에 국한된 질문이었다. 그의 나이 예순에 막 접어들었을 때쯤으로 기억한다.

"글쎄, 잘 모르겠는데… 형님은요?"

"나는 지금이 정점이라고 느껴."

특히 스포츠에서 예순의 나이를 정점이라고 느낀다는 것은 매우 드문 일이며 동시에 대단한 고백이었다. 아무튼 그 나이에 정점이라고 생각한다면 두 가지 이유가 있을 수 있다. 첫째, 그전보다 지금 더 열심히 하고 있거나, 둘째, 그때는 알지 못했던 중요한 것을 이제 깨달아 적용하고 있거나. 혹은 그 둘 다일 수도 있다.

좋은 화두였다. 그 질문을 들은 이후로 나는 가끔 혼자 되뇌며 대답하곤 했다.

"지금인가?"

"지난 건 아니겠지?"

"더 잘할 수도 있을까?"

"어렵다, 아 몰랑~"

이젠 분명한 대답을 하고 싶다.

"나는 지금 정점에 서 있다. 지금은 맞다. 그러나 이 말이 내일이나 내년에도 맞지 말란 법도 없다."

아포리즘 - 01 인생 역전

높은 히말라야산맥에서 소금이 채취되는 이유는
그곳이 과거에는 바다였기 때문이다.

성취는 재능인가 노력인가?

◆ **성취의 비율**

"선생님, 저는 재능이 없나 봐요."

클라이밍 강습을 하면서, 실력이 쉽게 늘지 않는 학생들로부터 가장 많이 듣는 말이다.

"그래? 노력은 얼마나 한 것 같아?"

기준점이 없으니 답하기 어려운 질문일 수도 있다. 그러나 관찰자인 내가 그들을 지켜본 결과는 분명하다. 재능이 없다고 말하는 사람의 대부분은 노력도 거의 하지 않는다. 반대로 드물게 스스로 재능이 있다고 자신 있게 말하는 사람들은, 신기하게도 예외 없이 많은 노력을 기울이고 있다. 그 점이 내가 내린 조심스러운 결론이다.

"천재는 1%의 영감과 99%의 노력으로 이루어진다."

전구를 발명하기 위해 천 번이 넘는 실험을 했다는 토머스 에디슨. 무엇이 그를 좀비처럼 꺾이지 않는 시도로 이끌었을까?

시도를 가능하게 하는 것은 '확신'이다. 천 번이 아니라 만 번을 해도 반드시 되리라는 믿음인데, 그 믿음은 어디에서 비롯될까? 바로 1%의 영감이다. 떠오른 영감이 믿음을 만들고, 믿음은 시도를 만든다. 그러므로 1% 영감은 역사를 만들어내는 대단히 중요한 트리거인 셈이다. 물론 천재가 얻는 영감과 평범한 사람이 얻는 영감에는 분명 차이가 있다. 그것이 바로 재능의 차이일 것이다.

그렇다고 해서 재능이 노력보다 더 중요하다는 말은 아니다. 오히려 시도를 거듭하는 과정에서 영감 자체가 진화하고 성숙하기도 한다. 결국 끈질긴 노력은 결코 빼놓을 수 없는 덕목이다.

나는 다만 추상적으로 기술되어 온 재능과 노력의 관계를 목적에 맞게 현실화시키고자 한다. 만약에 거북이의 목표가 토끼보다 빨리 뛰는 것이라면 천 번의 노력에 만 제곱을 한다 해도 그것은 불가능한 일이다. 그러나 토끼보다 결승점에 먼저 가는 것이 목적이라면, 거북이의 엄청난 노력과 토끼의 방심이 조금 더해진다면 가능할 수도 있다. 결국 노력으로 가능한 일과 불가능한 일은, 목표의 성격에 따라 달라진다.

재능과 노력을 50대 50이라고 가정하고, 사람마다 다르니 나의 경우를 사례로 들어본다. 나의 타고난 재능은 50 중에 30 정도, 이것은 사실이다. 여기서 재능이란 운동신경, 타고난 외형, 멘탈 등을 포함한다. 그리고 노력은 50 중에 40 정도이다.

물론 성취를 결정짓는 요소는 이것만이 아니다. 과학적 방법, 선생님에 대한 접근법, 애정 같은 변수들이 있는데, 아무튼 계산해 보자.

재능 30 + 노력 40 = 70

여기에 부족한 노력 10을 더한다면 80이다. 나 같은 사람도 노력을 다하면 80은 할 수 있는 것이다. 앞으로 더 열심히 노력할 거지만, 어쨌든 지금은 아니니까 노력 10을 빼면 도로 70이다. 그런데 나에게는 또 다른 비법이 있다.

70 + 과학적 방법과 선생님에 대한 접근법 10 = 80

아직 하지 않고 있는 노력 10이 남았는데도 80이다. 대박이다. 그런데 이게 다가 아니고 비장의 무기가 또 있다.

80 + 애정 10 = 90

이제 노력 10만 더하면 100인데, 그게 어렵다. 하지만 중요한 건 그 과정에서 '애정'이라는 요소가 얼마나 큰 힘을 발휘하는가다. 나는 그 점을 무엇보다 강조하고 싶다.

◆ 애정 효과

애정은 열정과는 좀 다른 것 같다. 열정은 노력과 가까이 맞닿아 있지만, 애정은 노력과 상관없이 그 무엇을 '정말 좋아하는 마음'에서 비롯된다. 애정이 없는데도 성취를 위해 불태우는 열정이 있을 수 있고, 반대로 애정이 있기에 노력하게 되고, 그 결과 성취에 이르는 열정도 있다.

애정이 차지하는 비중이 10이라고 했지만, 그것은 임의의 숫자이며 더 클지도 모른다. 아무튼 그게 아니면 폭삭 망했을지도 모를 만큼 중요하다. 다만, 나는 내 경험을 말하고 있는 것뿐이다.

내가 클라이밍에 입문한 것은 만으로 마흔셋 때였다. 어느 날 아는 형이 암벽등반을 배우려고 하는데 같이 할 사람이 있으면 좋겠다고 권해서 덥석 시작했다. 이전에는 한 번도 생각해 본 적이 없는데, 진즉부터 그렇게 될 운명이었는지도 모른다.

어릴 적 누이들은 종종 고무신(진짜표 타이어. 검은색과 흰색 두 가지가 있었음)을 땅바닥에다 문질러대곤 했다. 그 이유를 그때는 몰랐고, 그 이후로도 궁금해하지 않았다. 아니 사실은 그런 일이 있었는지도 나는 몰랐다. 우리가 어른이 되었을 때 어느 날 큰누나가 말하길, 빨리 닳게 만들어서 새로운 신발을 신고 싶어서였다는 것이다. 그러면서 내게 부러움 섞인 말을 했다.

"바닥에 그렇게 갈아도 안 떨어지는데, 네 신발은 얼마나 자주 빵꾸가 나는지…."

"왜?"라고 작은누나가 물었다. 몇 번 들은 얘기라 결말은 나도 알고 있다. 그래도 큰누나는 똑같이 반복한다.

"안 보여서 찾아보면 지붕 위에 처올라가 있고, 괭이새끼마냥 담벼락 위에서 기어다니질 않나, 무슨 개지랄로 그렇게 온종일 쏘댕겼다. 그러니 신발이 배겨나냐?"

큰누나의 말은 참으로 험하다. 작은누나를 비롯하여 우리의 2세

들은 웃겨 죽는다. 그런데 누이들도 모르고, 나만 알고 아무도 모르는 게 하나 있다.

충남 보령의 대천초등학교는 나무들이 그 경계를 둘러싸고 있었는데, 종류는 모르겠다. 키는 나의 두세 배 정도였던 것 같고, 빽빽했다. 하굣길에 한 백 미터 정도 그 나무들을 타고 홀로 이동하곤 했는데, 내가 나에게 부여한 규칙은 땅을 디디면 안 된다는 것이다. 오르고 내리고 건너고, 나무 사이가 멀어서 매우 어려운 곳도 몇 번 나오는데, 지금의 등반 전문 용어로 크럭스(crux)가 다가오면 심장이 콩닥콩닥. 옷이고 신발이고 다 갉아먹고, 살갗도 벗겨지고 피도 났다. 그래도 땅을 딛는 반칙을 하지 않겠노라고 바락바락 매달리며 그 아픔들을 견뎌냈다. 아니 즐겼다.

돌이켜보면, 나는 일찍부터 애정 많은 클라이머였다. 다만 그 애정을 잊고 살다가, 훗날 다시 찾아낸 것뿐이다. 그런데 재능이 자라듯 애정도 커질 수 있을까?

그렇다. 대부분의 사람들이 왜 주변 사람과 연애하거나 결혼할까? 서 널리에 더 잘생기고 더 부자인 사람이 수두룩한데? 가까이 있기 때문이다. 몰라서 그렇지, 일단 접하고 자주 보고 소통하고 부딪히다 보면 없던 애정이 생겨나고, 작던 애정이 커지기도 한다. 그리고 애정은 노력하게 만들어 주고 재능을 확장시켜 준다.

◆ 재능 없음을 탓하는 사람을 위하여

이기는 바둑알과 지는 바둑알이 따로 있는가? 재질의 좋고 나쁨은 있을지언정, 기능의 차이가 있는 바둑알은 이 세상 어디에도 없다. 승부를 결정짓는 것은 재질이 아니라 돌들의 방향, 배치, 그리고 타이밍이다. 당신이 싸구려 바둑알이라고 생각되어도 아무런 문제가 없다. 애정을 가지고 연구하고 노력하면 바둑을 즐기고 충분히 잘할 수 있다.

예전에는 나의 재능이 30쯤 된다고 생각했고, 주변 사람들의 평가도 그랬다. 그런데 지금 생각하고 또 생각해 보니 40은 족히 되는 것 같다. 그만큼 늘어났다.

위기에서의 세 가지 유형,
두려움에 관하여

◆ 두려움의 기능

도봉산 선인봉 중앙슬랩에서 연습등반을 하고 있을 때였다. 멀리서 두 할머니가 암벽 아래 등산로를 따라 걸어오며 담소를 나누는 소리가 들렸다. 일반 등산객들은 거의 안 다니는 길인데 어떻게 알고 왔는지. 하여간 별 신경을 쓰지 않았는데, 말소리가 금세 가까워지더니 내가 있는 암벽 밑동을 지나칠 즈음, 한 할머니의 말이 귓구멍을 파고들었다.

"나무 잘 타는 놈 나무에서 떨어져 죽고, 물질 잘하는 놈 물에 빠져 죽는 법이여."

어쩌자고 바위에 매달려 있는 내 뒤에 대고 그런 험악한 말을 한단 말인가. 마음이 하 수상하여 조금 깔짝거리다가 내려왔다.

커피 한잔 홀짝이면서 생각해 보니, 그 고약한 노인네의 말이 맞긴 맞는 말이다. 어떤 분야에 오래 있다 보면 그 시간에 비례하여 거기서 죽을 확률이 높아지는 것도 당연하지만, 그 말의 진짜 의도는 자만심을 경계하는 것 아니겠는가. 자만심을 가졌다는 것은 두려움을 잊었다는 것인데, 위기라는 것은 이 두려움을 어떻게 다루느냐의 문제이다.

두려움이 크면 과감하게 시도하지 못하므로 사고당할 일은 없지만, 대신에 발전도 없다. 반대로 두려움이 적으면 발전 가능성은 높지만, 사고당할 확률은 커진다. 두려움이란 그 크기와 사용법에 따라서 약이 되기도 하고 독이 되기도 한다. 너무 많아도 문제, 너무 적어도 문제인 것이다.

두려움은 반드시 있어야 한다. 두려움은 우리 머릿속의 경고등이자 신호등이어서 그것을 무시하면 죽음으로 이어질 수도 있다. 그렇다고 두려움에 사로잡히면 아무것도 할 수 없는, 이미 시체와 같다. 뭔가를 시도하고자 할 때 등장하는, 동전의 양면과 같은 두려움의 문제. 이쪽으로 눕혀도 안 되고 저쪽으로 눕혀도 안 된다. 매우 어려운 주문인데, 세워라.

♦ 세 가지 태도

클라이밍에서 가장 어려운 부분을 Crux라고 부른다. 나 자신을 포함하여 많은 사람을 관찰하면서 이에 대처하는 세 가지 태도를 발견했다.

첫째 유형은 뒤로 물러서는 형이다. 힘을 빼고 근육의 긴장을 푸는 게 아니라 불필요한 힘을 쓰면서 오히려 근육을 수축시킨다. 버티다가 결국 손을 뻗어보고는, 자기는 시도를 했다고 말하지만, 뒤에서 보면 팔을 쭉 뻗지 않았고, 다리도 펴지 않았다. 애초에 마음을 뒤에 두었으니 시도한 것도 아니다. 발전의 가능성이 매우 낮다.

둘째 유형은 마구 돌진하는 형이다. 이런 사람은 초크칠도 잘 안 하는 경향이 있으며, 등반 후에 자신이 어떤 홀드를 잡았으며 어떤 자세를 취했는지도 기억하지 못하는 경우가 대부분이다. 첫째 유형에 비해서 단기적으로는 발전의 가능성이 더 크지만, 장기적으로 보면 좋을 것도 없다. 부상의 확률이 크므로 시간을 까먹을 수 있고, 그로 인한 트라우마도 생길 수 있기 때문이다.

이 둘을 관통하는 공통적인 문제는 역시 두려움이다. 하나는 뒤로 물러서고 하나는 앞으로 도망가서 방향만 다를 뿐, 목전에 해결해야 할 문제에 제대로 직면하지 못하는 것이다.

세 번째 유형은 다음과 같다.
- Relax: 그는 위기의 때를 이미 예상하고 왔으므로 그 앞에서 일단 멈추어 숨을 고른다.
- Notice: "두려움은 무지의 그림자이다." 이는 미국의 인권운동가 웬델 필립스가 남긴 말이다. 두려움 앞에서 우리는 스스로를 점검해야 한다. 모르고 무턱대고 여기까지 온 것인지, 아니면 나름대로 예측하고 준비해 온 것인지. 그는 후자였기에, 미리 공부해온 내용을 다시 떠올리며 정리한다.
- Brave: "용기는 두려움이 없는 것이 아니라, 두려움에도 불구하고

행동하는 것이다." 소설가 마크 트웨인의 이 말을 떠올리며, 그는 과감하게 시도한다.
- Retreat: 때로는 용기가 생기지 않아 심하게 주저할 때가 있다. 어설픈 시도가 되리라는 걸 자기 자신은 알고 있다. 이럴 때는 차라리 그냥 내려간다. 손자병법은 말한다, "때로는 후퇴가 가장 현명한 공격"이다.

◆ 두려움을 다스리는 하나의 예

두려움은 없앨 수 있는 것이 아니므로, 지금 나는 두렵다는 것을 인정하고 받아들여라. 두려움을 다스리는 가장 좋은 방법으로 내가 추천하는 것은, 도전할 대상에 대한 겸손한 인사이다. 나에게는 바위를 가르쳐준 스승이 있는데, 세월도 많이 흐르고 나도 나름대로 창작을 하다 보니, 그로부터 무얼 배웠는지 설명하기가 어렵다. 그러나 지금까지도 잊지 않고 따라 하고 있으며 영원히 그러할 것이 하나 있다. 매번 등반을 시작하기 전에 고개 숙여 합장하는 것이다. '잘 부탁드립니다.'

도전할 대상에게 인사하기. 당신이 무슨 일을 하던, 어떤 형식을 취하든 상관없다. 자동차 보닛을 세 번 두드리든, 시험지에 입 맞추든, 컴퓨터에 하이파이브를 하든, 무엇이든 좋다. 중요한 것은 자기만의 겸손한 의식을 치른다는 것이다.

자기와 다른 삶에 대하여
함부로 말하지 않기

그저께 북한산 인수봉 등반을 마치고 도선사에서 택시를 타고 우이동으로 내려가고 있었다. 그때 자전거 한 대가 가파른 길을 오르고 있었다. 겁나게 힘들겠다, 허벅지 근육 장난 아니네…. 뭐 이런저런 얘기 중에, 내려갈 때는 위험하니 자전거의 브레이크가 중요하다는 말이 나왔는데, 그때 합승했던 모르는 누군가가 말했다.

"죽으려면 뭔 짓을 못 해."

나는 이런 태도가 참 싫다. 그 사람이 죽으려고 그 짓을 하겠는가? 그런 식으로 얘기하면, 자신은 죽으려고 택시를 탔는가? 정확히는 모르겠지만, 내리막길에서 자전거 타다 죽은 사람보다 차를 탔다가 죽은 사람이 더 많을 것이다. 그 라이더는 자신이 좋아하는 운동에 최선을 다하고 있을 뿐이다. 자기와 다른 것에 대해서 함부로 말하지 않았으면 좋겠다.

암벽등반에는 '프리 솔로(Free Solo)'라는 방식이 있다. 알렉스 호놀드라는 사람이 로프 없이 맨몸으로 980여 미터 등반에 성공함으로써 유명해진 등반 스타일이다. 단순히 길이가 문제가 아니다. 로프를 가지고도 최고 상위권 극소수만이 오를 수 있는 난이도의 루트였기에 더욱 엄청난 것이었다. 단 한 번의 실수도 100% 죽음을 의미한다. 그러나 그는 죽으려고 함부로 덤빈 게 결코 아니다. 성공을 위해 그 루트에서 수년간 피나는 연습을 한 결과이다. 프리 솔로 실전은 로프 없이 이루어지므로 추락은 곧 죽음을 뜻한다. 하지만 실전에 앞선 훈련에서는 철저히 로프를 사용하며 안전하게 준비한다.

굳이 따진다면 극진보에 해당하기 때문에, 대부분의 사람들은 그 행위를 이해할 수 없을 것이다. 이해하지 못하는 것은 좋지만, 죽으려면 뭔 짓을 못 해, 라는 식으로 비아냥거리지는 않았으면 좋겠다.

"선생님은 프리 솔로 하실 생각 있으세요?"
누군가는 내게 이렇게 물어오기도 한다.
"나는 안 해. 아니 못 해."
"그럼, 프리 솔로 하는 사람에 대해서는 어떻게 생각하세요?"
역시 많이 받아온 질문이다. 그런데 사실 나를 포함하여 프리 솔로 등반을 하는 사람들이 꽤 있다. 가령 5.6~7 정도의 난이도라면, 당연히 일반인은 '너무 위험하다', '미쳤다'라고 하겠지만, 아무 확보 없이 오르는 등반자들도 있다. 다만 나의 경우에는 그보다 더 어려운 난이도를 할 생각이 없을 뿐이고, 소위 프리 솔로이스트라는 사람들은 그 이상에 도전한다는 것이 다를 뿐이다.

프리 솔로 등반이 위험한 건 사실이다. 본인들이 위험을 감수하고 하는 것이니 나는 반대도 찬성도 아니다. 그럼, 중립? 중립이면 어떤 모양새이지? 가령 5.10 미만은 해도 되지만 그 이상은 안 되고, 몇 미터까지는 되고 그 이상은 안 되고, 뭐 이런 것일까? 이상하다.

2025년 4월 21일에 가톨릭 교황 프란치스코가 선종했다. 누군가가 동성애자들에 대한 그의 생각을 물었을 때, 그가 했던 말은 내 기억에 선명하다.

"내가 뭐라고 그들을 판단하겠는가."

프리 솔로에 대한 나의 생각도 마찬가지이다. 내가 할 수 없는 것을 하는 그들을 내가 뭐라고 감히 판단할 수 있겠는가. 그걸 하고 안 하고는 옳고 그름의 문제가 아니라 선택의 문제이다.

영화 한 편을 소개한다. 가톨릭 역사상 600년 만에 처음으로 교황 베네딕토 16세는 자진 사임을 결심하고, 그 후임 자리를 프란치스코가 대신하기를 바란다. 한 사람은 보수 성향, 한 사람은 진보 성향으로. 완전히 다른 이 둘이 만난 며칠 간의 아름다운 다툼을 그린 영화이다. 안소니 홉킨스와 조나단 프라이스가 두 교황 역을 각각 맡았다.

제목은 〈두 교황〉, 영어 원제는 〈The Two Popes〉이다.

아포리즘 - 02 항문과 입

항문의 준법정신은 훌륭하다. 아무리 급해도 쌀 데를 찾아가기 때문이다. 반면에 입은 아무 데서나 마구 싸버린다. 항문의 자제력은 대단하다. 아무리 급해도 몇 시간을 참아낸다. 반면에 입은 참으려 하지 않고 싸버리는 경향이 있다. 하여 항문은 싸고 나면 개운하지만, 입은 싸고 나면 허탈해진다.

오직 바람으로만 지구 한 바퀴

　내가 아는 형은 요트로 약 40,000km를 연속 209일 동안 항해했다. 즉 지구 한 바퀴를 돈 것인데, 그것도 혼자서, 항구에 정박하지 않고, 아무런 외부의 원조도 받지 않은 채, 오직 바람의 힘만으로 이룬 무동력 항해였다. 이 기록은 한국인으로서는 최초이고 세계에서도 여섯 번째라 하니, 같은 대한민국 국민으로서 참으로 대단하고 자랑스러운 일이다.

　내가 가장 궁금해했던 점은 바람이었다. 뒤쪽에서 불어주면 당연히 좋지만, 바람이라는 것이 누군가의 편의를 봐주며 뒤에서만 불겠는가. 옆에서 불기도 할 테고, 더욱 안 좋은 것은 앞에서 맞바람이 부는 상황일 것이다. 그런데 바람이 앞에서 불면 배가 뒤로 가는 거 아닌가?
　무식한 내 생각과는 달리 바람이 앞에서 불어도 배는 전진할 수 있다고 한다. 돛의 각도며 양력이 어쩌고저쩌고하는 과학적 원리가 숨어 있다는데, 나는 자세히는 알 수 없었다. 다만 신기하기만 했다. 오히려 목표점의 정면에서 부는 바람보다 약간 비껴 불어오는 바람이 가장 이상적이라고 한다. 물론 맞바람과 뒷바람이 만들어내는 속도의 차이는 몇 배, 아니 열 배까지 난다고 한다.

우리 인생에서도 언제나 맞바람은 분다. 그 시련을 뚫고 앞으로 나아갈지, 뒤로 밀려날지, 아니면 아예 뒤집혀 침몰할지는 각자의 마음과 실력에 달려 있다. 항해사가 바람을 탓해봐야 아무 소용이 없듯이, 세상 풍파는 인생의 당연한 요소라는 것을 인정하고 받아들여야 한다. 나만 겪는 것이 아니다. 세상 그 누구에게도 공평하게 바람은 분다. 인생의 필수 구성 요소인 것이다.

반드시 있을 시련을 감수해야 한다. 예측하고 공부해야 한다. 시련이 닥쳤을 때 당황하지 말고 빠르게 판단하고 대처해야 하는데, 그러한 민첩성은 타고난 재능에 기인하기도 하겠지만 연습과 실패의 경험을 통해서도 충분히 향상될 수 있다.

또 하나가 궁금한데, 바람이 전혀 안 불면 어찌 되는 건가?

무풍은 목표를 향해 나아가는데 가장 안 좋은 상황이라고 한다. 실은 많은 사람이 이러한 무사의 시간을 견디기 힘들어한다. 권태, 초조함, 조급함은 역동의 시련보다도 인간을 더 무디게 할 수가 있다. 그러나 그런 상황에서조차 조류의 흐름을 잘 살피고 그것에 몸을 맡겨야 한다.

무풍의 시간에 당신은 앞으로 나아갈 수도, 멈춰 서있을 수도, 뒤로 물러설 수도 있다. 마땅히 할 일이 없다면 낚시를 할 수도 있고, 맛있는 요리를 할 수도 있고, 그동안 미뤄둔 휴식을 취할 수도 있다. 그리운 지인이나 무심히 대했던 그 사람에게 안부를 묻고 소식을 전하는 시간을 갖는다면 아주 뜻깊은 시간이 될 것이다.

밑동을 갈아엎는 파도, 후려갈기는 거인의 손바닥 같은 폭풍, 내리꽂히는 태양의 칼끝, 권태와 불안으로 짓누르는 고요 속에 한 척의 요트가 있고 당신은 그 배의 선장이다. 때로는 아주 쾌적한 바람으로 목표를 향해 순항할 때도 있을 것이다. 그 모두가 당신의 몫이다.

아포리즘 - 03 바람

태양은 공평하지 않다. 어떤 곳은 뜨겁게 달구고 어떤 곳은 차갑게 만드는데, 이로 인해 바람이 분다. 하여 어떤 일에 대하여 의견이 완전히 일치한다고 꼭 좋은 것만은 아니다. 온도 차가 있어야 바람이 불고 앞으로 나아간다. 그러나 너무 심한 온도 차는 태풍을 몰고 와 모든 것을 휩쓸어 버릴지도 모른다.

너의 시선이 나를 결정한다?

 운영하고 있는 실내 암장에서 어려운 프로젝트 문제에 도전하고 있을 때였다. 그날따라 우연히 회원 대여섯 명이 지켜보고 있었고, 나는 크럭스 직전에서 팔을 풀며 힘을 충전하고 있었다. 한 번도 성공하지 못한 문제였으므로 긴장감이 감돌았다. 막 치고 나가려는 순간,
 "보지 마세요. 선생님은 관종이라 누가 보면 더 잘한다니까요."
 모두가 웃었다. 나도 웃겨서 진행을 잠시 멈추고 자세를 가다듬었다.
 '누가 보면' 평소보다 더 잘 되는 경우도 있지만, 잘 되던 것이 안 되는 경우도 있다. 관측 행위가 관측당하는 대상에게 영향을 미친다는 분명한 증거이며, 나는 이것을 양자역학의 불확정성 원리로 설명하는 시도를 할 것이다.

◆ 불확정성의 원리, 확률

완전히 어두운 곳에서 운동하고 있는 점이 하나 있다. 점의 위치를 관측하기 위해 빛을 쏘인다. "이놈 여기 있다"라고 말하려는 순간, 빛의 에너지가 가해진 점의 운동량, 즉 속도가 변한다. 관측 행위가 대상 입자에게 영향을 미치는 것이다. 반대로 속도를 알고자 하면 위치를 알 수가 없다. 이것이 양자역학의 불확정성 원리인데, 결론은 다음과 같다.

"위치와 속도를 동시에 정확히 측정하는 것은 불가능하다. 따라서 양자 세계에서의 예측은 본질적으로 확률적으로만 가능하다."

과학이 극도로 발달하면 세상 모든 것을 정확히 측정할 수 있을 줄 알았는데, 현대 최첨단 과학이 밝혀낸 사실은 무척 허무하게도 '정확히 알 수 없음'이며, 오직 '확률적으로만 알 수 있음'이다. 그렇다면 양자역학은 과학 진화의 종말을 고한 것인가?

그렇지 않다. 양자 현상을 이용하여 태양 표면의 온도 5,500도를 측정할 수 있게 되었고, 그런 내용을 담은 우주 다큐멘터리를 고화질 QLED TV로 감상하면서, 반도체가 탑재된 스마트폰으로 친구와 만남 약속을 할 수 있게 되었다. 외출하는 길에 현관문 앞에 자동으로 켜지는 센서 등은 덤이다.

◆ 슈뢰딩거의 고양이, 중첩과 관측

동전을 던져 떨어지는 순간 손바닥으로 가렸다. 앞면일까, 뒷면일까? 고전역학에 의하면 이 동전의 상태는 이미 정해져 있다. 다만 손을 치우기 전까지 알 수 없을 뿐이다. 그러나 양자역학에 의하면 동전의 상태는 정해져 있는 것이 아니라 앞면과 뒷면의 상태가 동시에 존재하는데, 그것을 '중첩'이라고 부른다.

고전학파인 아인슈타인과 슈뢰딩거는 양자역학, 특히 '중첩'이라는 개념을 도무지 인정할 수 없었다. 사실 양자역학의 문을 열어준 것은 아인슈타인이었지만, 정작 그 자신은 "신은 주사위 놀이를 하지 않는다"는 말로 그것을 부정했다. 양자역학 논리를 깨부수기 위해서 그들은 '슈뢰딩거의 고양이'라고 불리는 사고 모델을 제시했는데, 그들의 논쟁을 나의 상상력으로 재구성해 보았다.

"야! 너희들 말대로라면, 아무도 볼 수 없는 상자 안의 고양이가 '죽어 있는 상태'와 '살아 있는 상태'가 동시에 존재한다는 건데, 그게 말이 되냐?"
"그래, 바로 그거야. 그걸 중첩이라고 하는데, 아주 멋진 비유야. 훌륭해."
"고양이가 죽었다는 거야, 살았다는 거야?"
"모른다니까. 확률적으로만 추론할 뿐이지. 고양이 자신은 알지도 모르지."
"어이구야~ 그냥 열어서 확인해 보자."
"그러자구, 근데 너희가 성질부릴까 봐 하지 않은 말이 있는데…"

"해봐. 우린 이미 돌아버렸으니까."

"우리가 관측하는 순간 중첩 상태가 깨지면서 하나로 결정되는데, 우리의 개입이 그 결과에 영향을 미친다는 거야."

"그니까 안 보면 두 가지가 공존하고, 보면 그게 영향을 미쳐서 하나로 결정된다고?"

"그렇다니까. 관측하지 않으면 우주는 연산하지 않는다."

도무지 이해되지 않는 분들도 물론 있겠지만, 이걸 설명하고 있는 나 자신도 그리 상쾌한 것만은 아니다. 그러나 분명한 사실은, 양자의 세계는 실제로 그러하다는 것이다.

컴퓨터의 최소 정보 단위를 비트(bit)라고 하는데, 이는 0 또는 1이라는 하나의 성질만을 가진다. 반면에 양자컴퓨터의 기본 단위는 큐비트(Qubit)라고 하는데, 이것은 0과 1의 성질을 동시에 가진다. 이 특성을 활용한 양자컴퓨터는 기존 컴퓨터보다 훨씬 혁신적인 성능을 발휘할 것이라 하며, IBM, Google, MicroSoft 등이 이러한 기술 개발에 전력을 다하고 있다.

비교가 적절한지는 모르겠지만, 오랜 논란거리인 바이러스에 대해서 생각해 보자. 바이러스는 생물인가 무생물인가? 바이러스는 두 가지 특성을 다 가지고 있기 때문에 그 중간적 존재라고 하는 게 과학계의 일반적인 견해이다. 양자역학의 영향으로 인해 나는 이것을 두 가지 상태가 공존하는 '중첩'으로 이해한다. 특정한 조건에서 그것은 생물이 되기도 하고 무생물이 되기도 한다. COVID19 사태에서 보았듯이 인간의 잘못된 관여는 그것을 무서운 생물로 특정지었다.

그러므로 관측은 함부로 하면 안 된다. 양자역학은 어떤 입자가 빨강인지 파랑인지를 '관측 행위'가 결정한다고 예를 들어 설명한다. 그러나 그것은 양자 세계의 일이며, 사람의 세계에서는 심각한 결과를 초래할 수도 있다. 예컨대 모 배우의 자살 사건은, 무책임하고 나쁜 의도의 관측 행위가 만들어낸 극단적인 사례이다. 죽음의 '관여'였던 것이다.

◆ 시선을 대하는 두 가지 방식: 관측당하는 자 시점

문제에 직면했던 관종 김종식은 어떻게 되었을까? 혼자 할 때는 그렇게 안 풀리던 문제였는데, 하필이면 여러 사람이 보고 있을 때 완등을 한 것이다. 빡! 하고 에너지가 충전되는 느낌이 들더니, 성공하겠다는 느낌이 팍! 왔다. 관종이 된다는 것은 힘을 얻는 좋은 방식이다. 그러나 누가 보면 더 긴장되고 평소에 되던 것도 안 되는 경우도 많다. 왜 그런 것일까?

당하는 입장에서, 관측이 긍정적으로 작용하냐 부정적으로 작용하냐는 '두려움'을 다루는 방식에 의해서 결정된다. 두 가지 상황으로 나누어서 분석해 보고자 한다.

상황 1: 원래 안 되던 문제를 풀려고 할 때

부정적인 사람은 "역시 안 될 건데…"하며 제대로 힘을 쓰지 못한다. 긍정적인 사람은 '어파치 안 되던 것' 밑져야 본전, 하며 힘을 얻는다.

안 되는 것을 아예 숨기고 은둔형 외톨이로 살 수도 있다. 이런 사람은 좁은 곳에 갇혀 발전하기 어렵다.

상황 2: 이미 풀었던 문제를 다시 할 때

부정적인 사람은 '되는 것이 기본'인데 혹시 안 될까 봐 두려워 흔들린다. 긍정적인 사람은 '할 줄 아는 것'이니 기왕이면 멋있게 하자고 더 잘한다.

할 줄 안다고 까부는 사람은 하수이며, 진짜 고수는 쉬운 것에도 최선을 다한다.

글을 쓰다 보니 나도 모르게 관종을 옹호하는 듯하다. 맞다. 관측, 또는 관여로부터 세상 그 누구도 자유로울 수 없기 때문에, 은둔형 외톨이가 되는 것보다는 차라리 관종 쪽으로 한 걸음 더 내딛는 게 낫다. 보여줄 만한 것을 제대로 보여주는 사람이 진정한 관종이다. 허접한 것을 보여주며 자기 혼자 좋아하는 사람은 아직 미숙아이다.

◆ 양자역학과 인간역학

한국인이라면 대부분 알고 있을 한 편의 시를 소개한다.

꽃

―김춘수

내가 그의 이름을 불러주기 전에는
그는 다만
하나의 몸짓에 지나지 않았다.
내가 그의 이름을 불러주었을 때
그는 나에게로 와서
꽃이 되었다.
내가 그의 이름을 불러준 것처럼
나의 이 빛깔과 향기에 알맞은
누가 나의 이름을 불러다오.
그에게로 가서 나도
그의 꽃이 되고 싶다.
우리들은 모두
무엇이 되고 싶다.
너는 나에게 나는 너에게
잊혀지지 않는 하나의 눈짓이 되고 싶다.

몸짓이거나 꽃이거나의 중첩 상태에서, 내가 이름을 불러주자 꽃으로 특정되었다. 내가 관측하기 전에는 무의미한 미지의 존재였던 것이 내가 관여하여 이름을 불러주었을 때 '꽃'이 되어 실존의 의미가 되었다.

'너는 나에게 나는 너에게' 처음에는 '그'였던 것이 시의 끝부분에서 '너'가 되었다. '그'와 '너'는 많이 다르다. 오스트리아의 철학자 마르틴 부버는 『나와 너』라는 책에서 다음과 같이 말한다.

근원어 '나-그것'은 결코 온 존재를 기울여서 말할 수 없다.
근원어 '나-너'는 온 존재를 기울여서만 말할 수 있다.

온 존재를 기울였을 때, '그'는 특별한 '너'가 될 수 있다. 생텍쥐페리의 『어린 왕자』에서 여우와 친구가 되고 싶어 하는 어린 왕자에게 여우는 말한다.

"나를 길들여 줘. 너는 아직 나에게 수많은 다른 여우와 똑같은 어린애일 뿐이야. 그래서 나는 네가 필요 없어, 너도 내가 필요 없고. 하지만 네가 나를 길들인다면, 우리는 서로에게 단 하나밖에 없는 존재가 되는 거야. 다른 발소리들은 나를 땅굴 속으로 숨게 만들지만, 너의 발소리는 음악처럼 나를 굴 밖으로 불러낼 거야."

관심이 있으면 관측하게 되고, 관측은 변화를 수반하여 중첩 상태를 깨고 특별한 '너'가 될 것을 요구한다. 너의 변화는 동시에 '나'의 변화를 의미한다. 사람의 관계는 이렇게 서로 '얽혀'있음이다.

인간은 양자로 이루어져 있다. 그러나 단순히 양자의 총합이 인간인 것은 아니다. 서로 얽혀있는 두 양자 관계에서의 자연스러운 법칙과는 달리, 인간관계에서는 그 법칙이 자주 왜곡된다는 것을 말하기 위함이다. 나는 변하지 않으면서 너에게 일방적으로 변화를 요구하기도 하고, 너는 변하기 싫은데 내가 변할 테니 받아달라고 떼를 쓰기도 하고, 서로 변하지 않은 채 상담소를 찾아가기도 하고, 서로 변한 것을 보지 못하기도 하고, 더 잘못된 방향으로 변하기도 한다.

서로 긍정적으로 변하려 노력하고, 서로의 변화를 적극적으로 수용할 때 우리는 좋은 '얽힘'에 있는 것이다. 양자역학으로부터 배운 인간역학이다.

어떻게 가르칠 것인가?

관측은 상대방에게 영향을 미친다고 했는데, 관측을 넘어 보다 적극적으로 '관여'해야 하는 상황을 우리 인간 세계에서는 부지기수로 맞이한다. 예컨대 당신이 누군가를 가르쳐야 하는 선생 입장이라면?

나는 20년간 다양한 분야에서 강의, 또는 강습을 해왔다. 그 과정에서 느껴온 '관여'의 태도에 대해서 적어본다. 강의나 강습에서는 '관여'라는 단어를 '피드백'이라고 불러도 좋을 것이다.

◆ 피드백에 대한 6가지 조언

① 너무 일찍 개입하시 마라

"오른손 나가고, 발 정리, 두 손 모으고…."

학생이 동작을 취하지도 않았는데 다음 사항을 미리미리 지시하는 경우가 있는데, 좋지 않은 피드백이다. 학생의 동작이 틀려서 진행이 잘 안되고 본인도 이상하다고 느낄 때쯤 개입해도 늦지 않다.

시간이 있다면 스스로 맞는 동작을 찾을 때까지 기다리는 것도 좋다. 오류와 스스로의 교정을 통해서 배운 것이 훨씬 깊숙이 각인된다.

② 방치하지 마라

너무 이른 개입도 좋지 않지만, 도무지 답을 찾을 기미가 보이지 않음에도 불구하고 방치하는 것도 좋지 않다. 세 가지 측면이 있다.

첫째, 시간이 마냥 무한으로 제공되지 않는다.

둘째, 학생은 자신이 방치된 느낌을 얻을 때 학습 의욕이 떨어진다.

셋째, 안전이 최우선이다. 위험 요소가 있을 때는 아무리 빨리 개입해도 부족함이 없다.

③ 좋은 말을 써라

"지금 뭐 하는 겁니까?"

개인적으로 가장 안 좋아하는 말이다. 그 의미는, 말 그대로 현재 하고 있는 행동을 설명해달라는 것이 아니다. "왜 그따위냐?" "이 사람 한심하네" 이런 뉘앙스이기 때문이다. 이런 말을 들은 학생의 학습 욕구는 곤두박질친다. 차라리 직설적으로 "그거 잘못되었어요"라고 하는 게 낫겠다. 더 부드럽게 말하자면,

"그거 잘못된 것 같은데, 다시 한번 생각해 보실래요?"

④ 구체적인 대안 없이 지적하거나 요구하지 마라

홀드에서 미끄러질 것 같아 망설이는 학생에게 "그 홀드 믿고 나가. 안 떨어져."라는 말이 과연 도움이 될까?

자꾸만 믿으라고 하는데, 믿는다는 것은 모른다는 것이다. 코끼리 다리를 한 번도 보지 못한 사람은 믿을 수는 있지만 알지는 못한다. 보고 만져본 사람은 그냥 안다, 믿을 필요가 없다. 이렇게 말하면 어떨까?

"방금 배운 대로 체중을 왼발에 싣고 무릎을 펴면서 엉덩이 집어넣어 보세요. 그러면 안 떨어질 가능성이 커요."

또한 실제로 암벽등반에서 정말 많이 듣는 말이 있다.

"앞에 줄 있잖아. 떨어져도 안 죽어."

겁에 질린 학생에게 전혀 도움이 안 되는 말이다. 이렇게 바꾸어 보자.

"앞에 줄을 한번 만져보세요. 팽팽하죠? 저처럼 엉덩이 뒤로 살짝 빼면서 매달려 보세요. 어때요, 몸이 줄에 걸려있죠? 추락해도 이렇게 멈추는 거 확인하셨나요? 그래도 무서운 거 알아요. 저도 처음엔 그랬는데, 시간이 지나면서 익숙해지더라구요."

⑤ 학생에게도 피드백의 기회를 주어보라

피드백을 주어본 학생의 학습 능력은 훨씬 빠르고 견고해진다. 세 가지 방법이 있다.

첫째, 학생이 수행한 것에 대해서 스스로 평가해 보라고 권한다. 방금 본인이 만든 매듭에 대해서 몇 점을 주고 싶은가요? 감점을 주신 이유는? 자기 스스로를 평가할 수 있을 때, 그는 더욱더 독립적인 사람으로 성장할 수 있다.

둘째, 학생 A에게 학생 B의 수행에 대해서 평가를 해보라고 한다. 평가자의 입장이 되면 피평가자 입장일 때보다 더 깊고 넓은 시야를 얻을 수 있다.

셋째, 내가 가끔 사용하는 방법인데, 일부러 틀리게 말하거나 행동하는 것이다. 학생이 그걸 발견하고 지적하면 그 자체가 피드백으로, 좋은 수업이 되었음을 보여주는 증거이다. 이럴 땐 칭찬을 아끼지 마라.

⑥ 질문이 설명보다 더 효과적일 때가 많다

북한산 인수봉 정상까지 150m를 다섯 번으로 끊어서 올라간다고 가정을 해보자. 총 5피치인데, 각 피치가 끝나는 곳에 쇠사슬로 된 확보점이 있다. 세 번째 학생이 막 확보점에 도착했다고 가정해 보자. 그런데 이 학생이 올라와서는 뭘 할지 모르고 멍하니 서 있다. 이때 당신은 무슨 말을 할 것인가?

-최악: 지금 뭐 하시는 겁니까?

-중간: 얼른 여기에 비너를 걸어 확보하세요.

-최선: 확보점에 도착하면 제일 먼저 무엇을 하라고 했는지 기억하시나요?

이 학생이 기억해내고 자기 안전 확보를 하긴 했는데, 그러고 나서는 또 멍하니 서 있다. 이때도 일일이 지시하지 말고, 질문을 추가해 보라.

'본인 안전 확보는 잘하셨으니, 그다음 할 일은 무엇일까요?'

학생은 밑에 있는 다음 등반자를 끌어올려 줄 준비를 하는데, 확보 장비를 본인의 안전벨트에 장착하고 있다.

지금 우리는 단피치 등반인가요, 멀티 피치 등반인가요?

멀티 피치요.

그런데 지금 하신 방법은 어떨 때 쓰는 방법이죠?

단피치요.

그런데 지금 우리는 멀티 피치 등반 중이니 어떻게 해야 할까요?

물론 이렇게 하면 기다림의 시간이 많이 걸린다. 그러나 교육에서 투자한 시간은 실전에서 충분히 보상받고도 남는다.

◆ 더 본질적인 교육의 태도

아이를 키우면서 궁금한 것이 하나 있었다. 아기들은 왜 벌레를 무서워하는 것일까? 그렇게 가르친 적이 없는데도 말이다. 이유는 간단했다. 어른들이 벌레를 꺼리는 것을 보고 배운 것이다. 그러니 사람을 존중하고 예의를 갖추라고 아무리 얘기해 봐야 소용없다. 그렇게 말하는 부모가 다른 사람을 대하는 실제 태도가 그렇지 않다면 아이는 사람을 막 대할 것이다. 또한 사람을 막 대해놓고는 그러지 않은 척하는 이중적인 태도까지도 배우게 된다.

사람은 '관측'을 통해서 배운다. 부모나 사회가 일관성 있게 좋은 관측거리를 제공할 때 좋은 아이가 되며 좋은 어른으로 성장한다.

아포리즘 - 04　자기애

네 이웃을 네 몸과 같이 사랑하라고 성경은 말한다. 자기 자신을 벌레만도 못하다고 간증 기도하는 기독교인들을 여러 번 보았는데, 그는 이웃도 그렇게 취급할 것이다. 따라서 먼저 너 자신을 사랑하고, 그렇게 네 이웃도 사랑하라.

단점이 장점으로 될 수 있는가?

키가 152cm 정도 되는 여성분이 있었는데, 지구력 1급 문제 42번을 잡지 못하고 한 달이나 흘렀다. 41과 42번 홀드 간의 거리는 1m 정도로 꽤 멀었는데, 아무튼 참으로 안타까웠다. 너무 답답하니 운동을 그만둘 지경에 이른 어느 날 그녀가 진지하게 말했다.

"선생님, 저 클라이밍 그만두어야 할까 봐요. 저같이 작은 사람에겐 안 맞는 운동 같아요."

사실 그녀가 그리 못하는 것은 아니었다. 그동안 지켜본 결과 처음 배우는 여성이 입문 과정을 거친 후, 지구력 1급을 통과하는 데에는 평균 30일 정도가 소요되는데, 그녀가 딱 그 정도 되었을 때이다. 42번 전까지는 평균치보다 조금 빨리 갔지만, 딱 거기에서 멈춘 것이다. 이런저런 기술을 지도해 주었으나 소용이 없었고, 그녀 몰래 발홀드를 조금 높여 주기도 했지만 그래도 안 되었다.

나는 그냥 평소에 생각하던 바를 이야기했다. 도움이 되지 않을 거라고 예상되기는 했지만, 그것 말고는 딱히 할 말이 없었다.

"키 작은 사람이 유리한 점이 있어요."

"뭔데요?" 그녀의 눈이 반짝였다. "그런 게 있으면 진작에 얘기해 주셨어야죠. 뭔데요?"

"키가 작으면…."

"작으면?"

"남들보다 더 열심히 하게 되더라구요."

그녀는 말을 하지 않았다. 그저 표정으로 표현했는데, 그것을 글로써 제대로 표현할 방법을 모르겠다.

"열심히 하다 보면 팔도 늘어나는 거 같고, 테크닉도 좋아지고…."

그날 이후 그녀는 며칠간 센터에 오지 않았다. 그리고 일주일 후 다시 나타났다. 몸을 풀더니 지구력 1급을 하기 시작했는데, 역시 42번을 잡지 못하고 떨어졌다. 그런데 달라진 게 있었다. 떨어질 때 어떤 소리도 입 밖으로 내지 않았다는 것과 움직이는 자세였다.

보통은 떨어질 때 억! 아이씨! 등 다양한 소리가 입에서 튀어나온다. 그녀의 입에서 아무 소리도 나오지 않았다는 것은 추락을 감수하겠다는 마음을 미리 먹었다는 것을 의미한다. 이것은 매우 중요하다. 나 자신의 경험과 타인에 대한 수많은 관찰에서 알 수 있었던 바, 추락을 감수하면서 동작을 취하는 사람은 빨리 발전한다. 뿐만 아니라 추락을 염두에 두지 않고 오르는 사람보다 오히려 덜 다친다. 정신적으로 육체적으로 기술적으로 미리 대비하기 때문이다.

추락의 자세? 안 될 사람은 동작을 치기 전에 이미 스스로 떨어지는 자세를 만든다. 자신이 할 수 있는 최상의 동작을 취하지 않거나, 또는 못한다는 말이다. 그런데 이날 그녀가 42번을 향해 나아가는 순간, 어? 이건 된다, 라고 나는 생각했다. 먼 거리에 도달하기 위해 왼발을 버리고 오른발 무릎을 쭉 펴면서 오른쪽으로 중심 이동을 했으며, 오른손을 최대한으로 쭉 뻗었다. 실패의 단 한 가지 원인은 왼손이었다. 왼손 언더 그립을 더 강하게 잡아당기지 않아서 몸이 벽에서 약간 떨어진 것이다.

내가 이 간단한 기술적 부분을 지적하자 그녀는 '네'라고 대답했다. 그 외의 부분들은 말할 필요가 전혀 없었다.

10여 분 휴식 후에 그녀는 정말 완벽한 자세로 결국 성공했다. 작은 키 자체는 물론 약점이지만, 그로 인해 최상의 동작을 만들어냈다.

1991년에 〈더 베스트(원제: By The Sword)〉라는 영화가 출시되었다. 비디오테이프로 재생되는 이 펜싱 영화를 아주 감명 깊게 보았다. 스승을 죽인 죄로 25년 복역을 마치고 나온 수바가 스승의 아들 빌라드가 운영하는 펜싱 아카데미에 청소부로 들어가면서 벌어지는 사건들을 다룬 영화이다. 청소부였던 수바는 곧 그 능력을 인정받아 선생이 되는데, 선생 수바는 키 작은 제자에게 말한다.

"최고의 선수는 자기 자신의 약점을 이용한다."

아주 오래된 영화라 화질은 좋지 않겠지만, 한 번쯤 볼만한 영화로 강력 추천한다.

아포리즘 - 05 거울, 투시되는 벽

못 믿겠으면 지금 당장 거울을 보라. 자신의 눈과 거울면 사이의 실제 거리보다 더 멀리까지 보이지 않는가. 거울과 멀리 떨어질수록 더 멀리 투시된다. 거울을 통해서 자신을 볼 때, 실은 자기 실체를 보는 것이 아니다. 자기의 참모습을 투과하여 그 이면의 허상을 보는 것이다. 그렇기 때문에 거울을 보면서 사람들은 지나친 자기도취나 자기 비하에 빠져들 수 있다. 그러므로 거울을 볼 때는 거울에 바짝 코를 박고 볼 일이다. 게다가 눈까지 살며시 감으면 자신의 참모습이 보인다.

아빠, 나는 어떻게 태어났어요?

어느 날 딸 항이가 이렇게 물었다. 아마도 3~4살쯤 되었을 때인 것 같은데, 그때 쓴 육아일기 중 일부를 옮겨온다.

육아일기

"엄마 뱃속에서 나왔지."

"엄마 뱃속에?"

"응."

"어떻게?" 자신의 몸을 내려다보고 더듬으며 "이렇게 큰데 어떻게 엄마 뱃속에 있어?"

"그땐 더 훨씬 더 작았으니까."

"얼만했는데?"

나는 주먹 하나를 내보여주있다.

"그렇게 작은데 눈이랑 코랑 팔이랑 다리랑 다 있어?"

"원래는 없었는데 점점 생겨났지."

"알처럼?"

"그렇지."

"그럼 더 전에는?"

"원래는 아빠 뱃속에 있었어."

항이는 놀라면서도 재밌어 죽겠다는 표정이다.

"아빠 뱃속에서는 어떤 모양이었는데?"

"요만한 올챙이 모양이었지."

"근데 아빠 뱃속에서 어떻게 엄마 뱃속으로 옮겨올 수 있어?"

지금까지는 그럭저럭 무난했는데, 여기에서 무척 난감했다. 적당히 둘러댈 생각이 떠올랐다.

"마법을 부린 거야."

"누가?"

"항이가."

"내가? 음…. 근데 왜 생각이 안 나지?"

"사람들은 점점 자라면서 그 사실을 잊어버리거든."

"내가 정말 마법을 부렸어? 매직 키드 마수리처럼?"

"그렇다니까."

항이는 생각에 잠긴다.

"근데 난 지금 마법을 못 부리는데…."

"기억을 잃어버리면서 마법 능력도 사라지거든."

"그럼 아빠가 마법 부려봐."

"아빠도 마찬가지로 마법을 잃어버렸어."

"그런데 그렇다는 걸 어떻게 알아?"

여기에서 또 한 번 말문이 막혔다. 생각을 쥐어짜야만 했다.

"아빠도 뱃속 일을 기억하지는 못해. 그래서 마법도 잃어버린 거고."

"근데 어떻게 아냐니까."

"기억하지는 못하고 그런 일이 있다는 것만 알고 있는 거야."

"어떻게?"

"그건 공부를 통해서 아는 거야. 옛날에 공룡이 있었다는 거 알지?"

"응."

"어떻게 알어? 네가 봤어?"

"아니."

"그럼 어떻게 알어?"

"배웠으니까 알지."

"거봐, 똑같은 거야."

나의 임기응변이 논리적으로 척척 맞는 것 같아 흡족한 마음으로 어깨가 으쓱해지는데, 항이는 수긍하는 듯 안 하는 듯 애매한 표정을 짓는다. 찔리기는 한다. 성교 활동을 통해 아이가 생겨난다고 어떻게 말한단 말인가. 내가 억지를 부린 것이지.

◆ 나의 탄생은 나의 마법

인간이 태어나는 것은 자기 자신에게는 불가항력임이 분명하다. 자신의 의지와는 무관하게 이 세상에 던져지는 것이다. 이 얼마나 어처구니없는 일인가. 내 의지와는 상관없이 그저 던져지고, 또 자신이 그런 존재라는 것을 인식하게 되는 충격이라니! 그런데 항이에게 마법 어쩌고 하는 얘기로 둘러대다 보니 그 내용이 제법 그럴싸하다는 생각이 들더라는 것이다. 하여 이 거짓 스토리를 조금 더 창작해 보기로 한다.

인간은 자신의 마법 능력으로 이 세상에 태어났다. 어떤 모습인지는 모르지만 지금 이전의 또 다른 생이 있었고, 지금 생의 모습은 그 이전 생에서 자신이 행한 행위의 결과이다. 인도의 고대 경전인 우파니샤드 식으로 말하자면, 삼사라(윤회, 輪回)의 한순간이다. 물론 새로 태어나면서 과거의 기억은 잃어버린다.

이렇게 생각한다면, 이 세상에서의 생을 마친 후 다음 생의 모습을 결정짓는 것이 무엇인지가 자명해진다. 그것은 '현재 이 세상에서 나의 행위'이다. 나의 행위가 나를 다시 태어나게 하는 마법인 것이다.

그렇다면 다음 생을 위해서 어떤 마법을 부릴 것인가? 최고의 마법은, 우파니샤드를 참고한다면, 해탈이다. 그것은 윤회의 사슬 자체를 벗어나게 해준다. 세상의 궁극적인 진리로 회귀하여, 거기에서 그는 진리 그 자체가 된다. 세상의 모든 것을 보고, 듣고, 느끼며, 관장하는 자가 된다. 불교에서는 붓다가 그리되었다고 한다.

내가 감히 어떻게 붓다와 같이 될 수 있겠는가. 하지만 이러한 인식과 노력은 적어도, 무기력한 상태로 이 세상에 던져진 존재인 내가 어떻게 삶을 살아갈 것이며, 언젠가 내게 다가올 나의 죽음을 어떻게 맞이할 것인가를 결정하는 긍정적인 힘이 될 것이리라 여긴다.

기존 길을 간 사람을 위하여: 예의에 관하여

설악산 장군봉에 있는 '기존 길'이라는 루트를 등반하려는 참이었는데, 옆에 나란히 가는 '히말라야 방랑자'라는 루트의 등반팀 중에 누군가가 말했다.

"기존 길 가려면 뭐 하러 장군봉에 왔대."

자기들이 조금 더 어려운 길을 간다고 뻐기는 것인데, 나는 속으로 이렇게 말했다.

'히말라야 방랑자 되려면 뭐 하러 장군봉에 왔대. 히말라야로 가지.'

누구나 어떤 경우에 우월감에 젖을 수는 있다. 나도 예외는 아니다. 그러나 그럴지라도 예의는 지켜야 한다.

예의라는 게 대단한 것이 아니다. 공자 사상의 핵심 개념은 인(仁), 의(義), 예(禮), 지(智) 4가지인데, 좀 삐딱하게 해석하고 싶다. 최고의 경지는 인으로, 군자의 덕목이다. 그러나 그것은 거의 불가능한 경지여서, 그 전 단계인 의만 지녀도 훌륭한 사람이다. 그런데 범인들에게는 의조차도 도달하기 쉬운 경지가 아니다.

따라서 그런 덕목을 갖춘 척이라도 해야 한다. 타인과의 관계를 원만하게 유지하기 위한 최소한의 행동, 즉 '척'에 해당하는 것이 '예'이다. 당신을 존중하는 척, 내게 악의나 욕심이 없는 척, 내가 올바른 사람인 척….

이렇게 예의는 마찰을 피하고 관계를 유지하기 위한 최소한의 것, 일종의 마지노선이다. 그러나 이것조차도 쉬운 일이 아니어서 예의를 모르는 사람들이 의외로 많다. '기존 길 가려면 뭐 하러 장군봉에 왔대.'라고 생각하는 것까지는 이해할 수 있다. 인과 의는 갖추기 어려운 것이니까. 그러나 그러한 생각을 겉으로 표현하는 순간 예의 없는 사람 새끼가 되는 것이다. 차라리 아무 말도 하지 않으면 예의가 있는지 없는지조차 알 수 없었을 것이다.

예의 없는 사람에 대해서는 더 이상 말하고 싶지 않다. 다만 기존 길을 간 사람들에게 하고 싶은 말이 있는데, 기죽지 말라는 것이다. 그대들도 언젠가는 어려운 길을 갈 수 있다. 다만 그렇게 되었을 때, 본인이 싫게 느꼈던 그런 말을 다른 이에게 하지 않기를 바란다. 그렇게 말하는 사람치고 잘난 사람 하나도 없더라. 못났으니까 그런 말을 하는 것이고, 가정이나 사회에서 찌질이일수록 특수한 분야로 가서는 으스대고 갑질을 일삼는다.

할 말과 안 할 말을 구분해야 하는데, 그것을 가릴 줄 아는 분별력이 네 번째 덕목인 '지'에 해당한다. 예의 바른 사람은 지혜로운 사람이다.

아포리즘 - 06 나로부터의 먼지

걸레질을 하다가 문득 생각해 본다, 도대체 어디에서 먼지는 들어와 이렇게 수북이 쌓이는 건지. 가을이 지나고부터 문은 닫아 두었으니, 먼지는 나로부터 생긴 것이 분명하다. 잠긴 문이 오히려 먼지가 나갈 길을 막은 것이었다. 문을 열어야겠다.

끼어들기 사고, 누구의 잘못인가?

운전할 때 끼어들면 화가 난다. 막힐 때 끼어들면 더욱 화가 나고, 줄 안 서고 한참 앞에까지 와서 끼어들면 극도로 화가 난다. 얌체짓은 제발 하지 않았으면 좋겠다. 뚜껑 열리니까.

그런데 끼어들 때 사고가 나면 누구의 책임일까? 끼어든 차가 다른 차의 옆구리를 들이받은 경우에는 끼어든 차가 명백히 잘못일 테니까 논외로 한다. 아무튼 도로교통법에 의한 책임 구분은 잘 모르겠지만, 뒤차에 하고 싶은 말이 있다.

그냥 끼워줄 것. 그러면 사고는 발생하지 않는다. 한 대 끼워줘 봐야 기껏 5미터이다. "어떻게든 끼워주지 않을 거야"라고 벼르며 버텨봐야 스트레스만 쌓이고 사고가 발생하면 자신의 책임이다. 특히 방향 지시등을 켠 차에 대해서, "어서 오세요"라는 마음으로 거리를 주면 내게는 그 거리만큼의 평화가 주어진다.

당신도 의도치 않게 끼어들어야 하는 상황에서 양보를 받은 경험이 있을 것이다. 그리 미안해할 것 없다. 당신은 그에게 평화를 선물한 것이다.

끼워주어도 늦지 않는다. 더 앞에서 더 뒤에서 일어나는 상황은 당신의 몫이 아니니 신경을 쓰지 말자.

휴식과 연습

◆ 쉬어야 하는 이유, 쉬지 못하는 이유

1번부터 50번까지 번호가 매겨진 클라이밍 루트가 있다. 그런데 40번에서 꼭 떨어지는 사람이 있는데, 1번이 아닌 38번에서 시작해 보라고 하면 40번은 물론 50번까지도 갈 수 있다. 이 사람에게 필요한 것은 무엇일까? 물론 세월이 지나서 지구력도 늘고 기술도 더 좋아진다면 문제는 해결되겠지. 그러기 전에 똑같은 조건에서 이 사람이 1번부터 50번까지 안 떨어지고 가는 방법은 없을까? 있다.

결국 40번에서 지구력이 고갈된다는 것인데, 그 문제를 해결하려면 그 전에 어딘가에서 충전을 해야 한다. 즉 쉬는 시간을 가져야 하는데, 그 타이밍, 자세, 호흡 등을 평소에 연습해야 실전에서도 효과를 볼 수 있다. 이것이 중요하다고 아무리 강조해도 그것을 제대로 실천하는 사람은 매우 드물다. 그 이유는 두 가지인 것 같다.

첫째는 쉬는 걸 클라이밍 필수 기술이라고 생각을 하지 않는다. 그러나 일반 클라이머들을 탓할 수 없는 것이, 책에서든 관련 영상에든 소위 전문가라는 분들이 이것을 클라이밍 테크닉의 범주로 분류하고 있지 않기 때문이다.

둘째는 빨리 50번이라는 종착점에 가고 싶은 욕구에 마음의 여유를 가지지 못한다. 그래서 "저기서 쉬었어야죠"라고 말하면, "자꾸 까먹어요."라는 대답이 돌아온다.

◆ 휴식을 위한 행동 강령

쉬는 것은 중요한 기술이기에 연습이 필요하다. 그런데 이 말을 꺼내려니, 나 스스로 할 자격이 없다는 생각에 조금 찔린다. 나는 일 년에 한두 번 몸에 병이 난 날을 제외하고는 온전히 쉬어본 기억이 없다. 학원을 할 때는 수업이 없는 날에도 나가서 교재를 만들고, 등반가로서는 비가 와서 등반을 못하는 휴일에도 센터에 나와서 운동을 하거나 뭔가를 기획하거나, 하여간 가만히 있지를 못한다. 이제는 휴식의 중요성을 알기 때문에 지금까지의 관성을 버리기 위해서는 다음과 같은 행동 강령을 정하기로 한다.

- 휴식은 사치가 아니라 성취를 위한 필수 과정임을 명심한다.
- 힘들어서 쉴 수밖에 없을 때 쉬는 것이 아니라, 쉬는 날을 미리 정해놓고 지킨다. 가령 비나 눈이 내리는 휴일에는 무조건 쉰다.
- 쉬는 날은 집에서 뒹굴며 잠을 자거나 영화를 본다. 또는 식물원을 관람하고 주변 맛집을 찾아간다.
- 하고 싶은 게 있으면 미리 시기를 정해놓고 시작한다. 예컨대 아주 오래전부터 취미로 국궁을 배워보고 싶었는데 이런저런 이

유를 대며 미루어왔다. 올겨울에 시작한다.

일단은 이 정도만, 너무 장황해도 지키기 어려우니, 연습을 해보고 수정하자.

◆ 인생은 연습이다

세상에 연습이 필요 없는 것은 딱 한 가지뿐이다. 아니 필요 없는 게 아니라, 연습을 하고 싶어도 할 수 없는 것, 그것은 '세상에 태어나는 것'이다. 물론 어떤 종교의 윤회관에 의하면 태어나는 것도 연습이 가능하다. 이번 생에서의 나의 행위가 다음 생에 영향을 미친다고 하니까 말이다.

죽음에도 연습이 중요하다. 사람이 언젠가 죽는다는 것은 자명한 일이다. 자신의 죽음을 상상해 보기도 하고, 남의 죽음을 수없이 대하면서 우리는 평생 '죽음 살기'를 한다. 어떻게 하면 잘 죽을 수 있는가를 고민하는 것 자체가 죽음에 대한 연습이다. 죽어서 가져가지도 못할 돈에 연연하지 않으려고 노력하기, 죽어서 좋은 사람으로 기억되기 위해서 좋은 행동하기 등등…. 그러한 연습을 통해서 인간은 사는 동안에 더 나은 삶으로 개선을 이끌어낼 수 있다.

아포리즘 - 07 가족의 기능

가족의 가장 중요한 기능은 죽음을 지켜준다는 것이다. 누군가 죽었을 때 가족이 그의 죽음을 기억하고 기념한다는, 이미 계약도 아닌 계약이다.

모르던 나무의 이름을 알았다

북한산 족두리봉 밑
초보 때부터 자주 다니던 암장터에
무슨 나무 한 그루.
바위만 타다 보니 이름도 몰랐지만
여름엔 그늘을 주고, 겨울엔 제 잎을 털어
햇빛을 열어주던 그 나무.

어느 여름에 문득 보니
몸통은 죽어 있고 간신히 잔가지에 몇 잎.
내년에는 그조차도 볼 수도 없을 것 같아
그제서야 네 이름을 알아내고
그동안 고마웠어, 인사 나눈 후
나도 이제 갈 참.

아포리즘 - 08 **사랑**

사랑이란 게 별거 아니다. 다만 마음의 다리가 불편한 사람들에게 목발과 같은 것이다.

엄마와 사치

내가 20대와 30대 사이인 어느 날, 어머니는 내게 말했다.

"돈도 못 벌면서 사치나 부리고, 글 쓰면 돈이 나오냐? 데모하면 밥이 나오냐?"

어머니의 걱정은 충분히 이해되지만, 나도 나름 답답하여 반문했다.

"엄마는 왜 그렇게 화초를 열심히 키워?"

"이쁘잖아. 기분도 좋아지고."

"그거면 됐지, 돈도 밥도 안 나오는 사치잖아."

"이노무시키…."

사실 먹고, 싸고, 자는 데 필요한 것 이외의 것은 모두 사치이다. 그런데 필요와 사치는 인간에게 뼈와 근육의 관계와도 같다. 뼈가 없으면 근육은 흘러내릴 것이고, 근육이 없으면 뼈는 산산이 흐트러질 것이다. 필요와 사치가 조화롭게 발달되어 있을 때 건강한 삶을 살고 있는 것이다.

내가 말은 저렇게 했지만, 사실 어머니는 평생을 거의 사치 없이 살았다. 막내인 내가 한 살 때 아버지가 돌아가셨고, 어머니는 4남매를 먹여 살리기 위해 사치를 부릴 시간이 없었다. 별빛에 집을 나가 장사를 하고, 달빛에 의지해 집에 돌아오는 것이 그녀 삶의 전부였다.

노년에는 더 이상 일을 하지 않아도 되었지만, 평생을 해온 일의 습관을 결코 버리지 못하고 몸을 움직이지 못할 때까지 일을 했다. 할 수 있을 때까지 일을 하는 건 사실 나쁜 건 아니다. 그러나 어머니에게 정작 필요한 것은 노동이 아니라 '운동'이라는 '사치'였다.

허리 수술로 한 달간 병원에 입원한 적이 있었는데, 그때는 내가 매일 강제로 운동을 시켰다. 그런데 참으로 우습게도, 몸이 너무 안 좋아서 입원하고 수술까지 했던 그때가 오히려 전체적으로는 몸 상태가 가장 좋을 때였다. 잠에서 깨면 정말 잘 잤다며 환하게 웃는 모습이 눈에 선하다. 운동하러 가자고 하면 싫다고 하면서도, 내심으로는 그 시간을 간절히 기다렸다는 것을 알고 있었지만 모른 척했다. 억지로 끌려가는 척하면서도 속으로는 행복해한다는 것을 알고 있었다. 있는 그대로 표현하는 게 창피한 모양이었다.

나는 지금도 이것을 가장 후회한다. 병원에서 퇴원한 후에도 계속 운동을 하시게 했더라면 더 건강하게 오래 사셨을 텐데, 이런저런 핑계로 그러지 못한 것이 내 평생 한으로 남을 것이다.

6일 전에 어머니의 네 번째 기일을 보냈다. 작년까지는 그런 적이 없었는데, 이번 기일에 문득 큰누나가 눈물을 흘리자, 작은누나도 따라 울었고, 조카 녀석도, 나도 그랬다. 사치 없는 아픈 삶을 보낸 그녀의 삶의 흔적이, 세월이 지날수록 더욱 또렷이 자식들에게 각인되고 있었다.

59년 만에 만난 아버지

2025년 3월 25일, 57년 전에 돌아가신 아버지가 처음으로 꿈에 나왔다. 열 살쯤 되어 보이는 한 남자아이를 데리고 왔는데, 자신은 곧 죽을 것이니 이 아이를 나더러 돌봐달라는 것이다. 아이의 얼굴을 들여다보니 나랑 많이 닮았다, 아니 꼭 닮았다, 아니 그것도 아니고 그 아이는 바로 나였다. 뭐지? 시간 여행인가? 뭐 이런 생각을 하다가 꿈에서 깨어났다.

내가 두 살 때 돌아가셨으니, 기억에는 전혀 없고, 평생 사진으로만 보아 온 아버지가 왜 하필 지금 내게 나타난 것일까? 아니 엄밀히 말해서 나의 무의식은 왜 지금 이런 상황에서 아버지를 소환하며 이런 황당한 이야기를 창작해 낸 것일까?

꿈속에는 나는 아이와 장년으로 분열되어 있고, 아버지는…. 그래, 그 나이쯤인 듯하다. 내가 암벽등반을 막 시작했을 때쯤의 나이 43세. 단절된 시간의 중재자로 나타난 것이라 나는 해석하기로 한다. 10세 순수한 애정의 아마추어 등반가와 60세 계산이 너무 많은 프로 등반가 사이의 중재자로 아버지가 나타난 것이다.

아버지가 있었으면 하는 아쉬운 마음이 가끔 들기는 했지만, 어머니와 누이들의 사랑을 듬뿍 받으며 자란 막내이기 때문인지 나는 살면서 외롭다고 생각하지는 않았다. 한 아이의 아버지이고, 나이 60이 다 되어 산 날보다 살날이 훨씬 적어진 지금 오히려 나는 외로움, 또는 두려움을 느끼는 것 같다. 초조하다. 꿈이 커서, 욕구가 많아서, 요즘의 나는 그렇다. 객관적으로 얼마나 채웠느냐보다는 앞으로 채워야 할 것이 얼만큼인가라는 주관이 나를 장악한다. 자주 화를 내면서, 두렵거나 외롭거나 둘 다이거나.

이러한 질풍노도(?)의 시기에 아버지가 소환되었다. 그는 나더러 나를 돌보라 하며 아이를 일방적으로 맡겨놓고는 가버렸다. 잠에서 깨었지만, 눈을 뜨지 않았다. 한참 동안 꿈의 장면들을 여러 번 영사하다가 스스로에게 물어본다.
"지금의 내가 어린 나를 다시 키운다면, 여전히 지금의 나로 키울 것인가?"
물론 내 뜻대로 되는 것은 아니겠지만, 아무튼 이 질문을 만들어 낸 걸 후회한다. 대답할 수도 없고, 무시되어지지도 않는 화두이기 때문이다. 참으로 곤혹스럽다.
2025년 4월 17일, 오늘은 대답을 보류하기로 한다.

2부

운동하는 삶

삶의 본질은 운동이다. 잠자는 것조차 더 큰 운동을 지속하기 위한 최소한의 운동이며, 운동하기를 그만둘 때 우리는 영원한 잠에 드는 것이다.

운동과 수명은 관계가 있는가?

구글의 AI Gemini에게 물었더니 다음과 같이 답했다.

"많은 연구 결과에 따르면, 일반적으로 안정 시 심박수가 낮을수록 장수할 가능성이 높고, 높을수록 사망 위험이 증가하는 역비례 관계가 있습니다."

이 말이 정말 맞는 것인지, 그렇다면 어째서 그런지 궁금하여 나름대로 조사를 해보고 추론을 해보았다.

◆ 심장의 박동수는 정해져 있다

외부적 요인 없이 수명을 다했을 때, 모든 포유류는 그 크기와 관계없이 평균 15억 번의 심장 박동 총량을 가진다고 한다. 즉 심장이 15억 번을 뛰고 나면 죽는다. 생쥐는 분당 400~600회를 뛰어 1~2년 만에 죽고, 분당 25~35회를 뛰는 코끼리는 60~70년 정도를 산다. 개는 워낙 종류가 많기 때문에 범위가 넓지만, 평균적으로 분당 60~140회의 심장 박동수로 10~13년을 산다.

인간은 어떠할까?

자연에 속해 있으면서도 다방면에서 그 한계를 뛰어넘은 인간은, 심장 박동수에서도 놀라운 혁명을 이루어냈다. 인간 성인의 심장은 분당 60~80회를 뛰며, 평균 수명은 약 75세다. 한국의 경우 2023년 출생자를 기준으로 약 83세라고 한다.

이를 바탕으로 가정해 보면, 평생 약 25억 번 심장이 뛰는 셈이다. 이는 '심박수 총량의 경향성'으로 설명할 수 있다. 여기서 '경향성'이라고 표현한 이유는, 이것이 아직 보편적인 법칙으로 확립된 것은 아니기 때문이다. 다만 그와 같은 경향성은 분명히 관찰되고 인정되고 있다.

이 경향은 인간에게도 적용되지만, 다른 동물들과 비교했을 때 총 심박 횟수가 훨씬 높은 것이 특징이다. 의료 기술, 영양 상태, 위생 환경의 발달이 그 원인으로 추정된다. 또한 다양한 문명적 요소들이 배경이 될 수 있는데, 그중에서도 특히 '운동'에 대해 말하고자 한다.

◆ 운동하면 심장이 빨리 뛰는데, 나쁜 거 아닌감?

나의 경우, 운동 시 최대 심박수가 160을 넘기도 한다. 이런! 총량 심박수 많이 까먹었네, 큰일이다! 운동하지 말아야겠다? 지금부터는 하는 얘기는 관찰에 의한 그저 추론일 뿐이며, 그 대상은 나 자신이다.

나는 선천적으로 심장이 불규칙하게 뛰는 부정맥을 가지고 있다. 살면서 아무 이유도 모른 채 의식을 잃고 쓰러진 적이 세 번 있었는데, 병원을 가보아도 대책은 없다. 그저 부정맥이 있다고만 한다. 25세 때 최종적으로 그런 내용을 확인했으며, 그때부터 살기 위해서 몸에 관심을 가지고 이것저것 해보기 시작했다. 운동으로는 호흡 수련, 요가, 등산, 인라인스케이트, 산악자전거 등을 했으며, 틈틈이 한의학과 서양의 대체의학 등을 들여다보았다.

40대 중반 이전 나의 안정 시 평균 심박수는 80 정도로, 어떨 때는 90이 넘기도 했다. 여기에서 주목할 것은 '안정 시'라는 말이다. 위에서 말한 동물과 인간의 심박수도 모두 안정 시에 측정한 것을 말하고 있다. 꾸준한 운동과 기타 관리로 현재 나의 안정 시 평균 심박수는 65 정도이다. 분당 15 정도 내린 것이다. 이것을 계산해 보자.

- 1분에 13회
- 한 시간 60분을 곱하면 900회
- 하루 24시간을 곱하면 21,600회
- 1년 365일을 곱하면 7,884,000회

여기에 내가 한국인 평균으로 20년을 더 산다고 가정하면 1억 5천 7백6십8만 번의 심장 박동수를 버는 셈이다. 그전에 벌어놓은 것도 있을 테니 그 이상이다.

더 낮추고 싶은 욕심은 있지만, 선천적으로 심장이 좋지 않아 여기까지가 한계인 듯하다. 그러나 심장이 건강한 사람이라면 더 향상이 가능할 것이다. 참고로 전문 마라톤 선수들의 안정 시 평균 심박수는 30~40 정도라고 하며, 경기 중 최고 심박수는 180을 넘는 기록도 있다.

♦ 운동과 수명의 관계

운동을 하면 심박수가 올라가서 손해인 것 같지만, 그 시간은 내 생의 100분의 1도 안 될 것이다. 짧은 시간 투자해서 더 많은 것을 얻는 것이다. 운동을 하면 순간 심박수는 올라가지만, 지속적인 운동, 특히 유산소 운동은 심장을 건강하게 만들어 안정 시 심박수를 낮추어 주기 때문이다.

그런데 그게 다가 아니고, 이러한 계산에서 빠뜨린 가산점들이 있다. 스트레스 해소, 노폐물 배출, 근육량 증가에 의한 기초 대사량 증가, 운동이 주는 여러 가지 호르몬 등등…. 이러한 플러스알파가 주는 효과는 계산할 수가 없다.

양적 시간 연장도 중요하지만, 더 중요한 것은 질적인 것, 즉 삶의 질이 아닐까 한다. 한국인의 평균 수명은 약 80세이지만, 건강 수명

평균은 약 65세이다. 그 사이 15년 동안 당신은 건강 문제로 인하여 활동에 제약을 받거나 아프게 살 수도 있고, 심하게 말하자면 아주 질이 낮은 삶을 살 수도 있다는 것이다.

   그러므로 단순히 오래 사는 것보다는 건강하고 즐겁게 행복한 삶을 사는 것이 중요하다. 당장 시작하라.

희소식, 운동량 보존의 법칙

벼락치기(몰아치기)를 좋아하는 사람, 또는 여건이 그럴 수밖에 없는 사람들에게 희소식!

건강 유지를 위한 주간 권장 운동량을 일주일에 두세 번 나누어 하든, 하루에 몰아서 하든 효과에는 유의미한 차이가 없다는 보고서가 나왔다. 2025년 4월 2일, 미국심장협회 저널에 발표된 연구에 따르면, 주간 중강도 운동 150분이나 고강도 운동 75분으로 총사망률이 32% 감소하고, 심혈관 질환으로 인한 사망률은 24% 감소, 암으로 인한 사망률은 13% 감소한다고 한다.

그러면 세 끼 식사의 양을 한 끼에 다 먹어도 되나? 이런 생각도 들지만, 분명 다른 메커니즘이 삭농하기에 그런 보고서가 나온 것이리라. 전문가들의 연구이니 일단은 믿어 보기로 하자.

그럼에도 불구하고 몰아치기의 문제점은 분명하다. 그렇다, 무리한 운동으로 인한 부상의 위험이다. 이는 일반인도 상식적으로 추론할 수 있는 부분이고, 따라서 해결책 또한 상식적으로 찾을 수 있다. 혹시 이 글을 읽는 독자 중 전문가가 있다면 잘못된 부분을 지적해 주길 바란다.

첫째, 운동을 두 배 몰아서 한다면 워밍업과 쿨다운도 두 배로 해라. 그래야 똑같은 시간을 들이는 것이다.

둘째, 운동의 종류에 따라서 워밍업과 쿨다운이 무엇인지를 정확히 알고 행해야 한다. 최근에 내가 행한 아주 무식한 짓을 타산지석(他山之石) 삼기를 바란다.

어느 날 유산소 운동을 한다며 달리기를 시작했는데, 나는 달리기 자체를 워밍업이라고 착각한 결과는 참담했다. 두 번의 4km 달리기 후 세 번째 5km 달리기에서 무릎 부상을 입었다.

물론 거리를 너무 일찍 늘린 것에도 원인이 일부 있겠지만, 아무리 생각해도 결정적인 원인은 워밍업을 하지 않았다는 것이다. 그냥 처음 1km를 좀 천천히 뛰는 것은 워밍업이 아니었다.

조사해 보니 오리발건염이라는 것과도 유사하고, 오금 부근 근육 뭉침도 분명했다. 그로 인해 한 달 넘게 고생했고, 지금은 스트레칭과 제자리에서 가볍게 뛰기 등 워밍업을 착실히 하고 있지만, 두 달이 지난 지금도 10% 정도는 회복되지 않았다.

사실 워밍업의 필요성을 몰랐던 것은 아니다. 나도 운동에서 한 분야의 전문가이니 당연히 알고는 있었지만, 소홀히 여겼던 것이다. 깊이 반성한다.

셋째, 안 하는 것보다는 다치더라도 하는 게 낫고, 다치는 것보다는 조금만 하는 게 낫고, 물론 가장 좋은 것은 제대로 많이 하는 것이다. 운동을 지속적으로 제대로 하는 것은 매우 어려운 일이다. 중요한 것은 꺾이지 않는 마음이다.

도토리 키에도 등급이 있다

출근길에 이동 판매 트럭으로부터 가끔 들리는 소리가 있다. 웃긴다.

'도토리 키재기 대회에서 1등 한 도토리로 만든 도토리묵도 있어요~'

도토리도 이럴진대, 운동에서도 타고난 외형이 중요하다. 피지컬 좋아서 배우면 잘하겠다. 쟤는 피지컬은 좋은데 멘탈이 문제야. 이런 표현을 쓰기도 한다.

대부분의 운동에서 키가 크면 나쁜 점보다 좋은 점이 더 많다. 암벽등반에서도 신장은 중요한 문제가 되는 피지컬 항목이다. 유연성, 근력, 몸무게 등은 노력에 의해서 향상이 가능하지만 키는 선천적으로 정해지는 것이기 때문이다. 그래서 키는 문제가 잘 안 풀릴 때 핑곗거리로 많이 언급된다. 멀리 있는 홀드를 잡아야 유리한 운동이기에 일리가 있는 핑계인 건 사실이다.

클라이밍에서는 어느 정도의 키가 적합할까? 남자는 175cm 언저리, 여자 163cm 언저리인 것 같다. 과학적 분석이나 정확한 통계가 있는 건 아니고, 그동안의 관찰을 통해 나온 생각일 뿐인데, 얼추 맞는 수치일 것이다. 180cm 이상으로 더 크면 더 좋을 것 같지만, 손끝과 발끝이 너무 멀어져도 그 거리를 안정적으로 다 활용하지 못하는 것이 암벽등반의 특징이다. 또한 키가 지나치게 커봐야 몸무게만 더 나간다.

분야에 따라서 차이가 나기도 한다. 키가 클수록 유리한 순서는 페이스, 크랙, 슬랩이다.

페이스(face)는 각도가 70도 이상 경사진 벽을 총칭한다. 90도는 직벽, 그 이상은 오버행, 145도 이상 완전히 뒤집힌 벽은 루프라 한다.

크랙(crack)은 경사와 관계없이 벽에 길게 갈라진 틈이 있는 것을 말하는데, 그 틈에 손가락이나 주먹을 끼워 넣어 등반하므로 많이 아프다.

슬랩(slab)은 70도 이하의 벽으로, 경사가 완만한 대신 잡을 곳이 거의 없거나 매우 작아서 어렵다. 슬랩은 발이 워낙 큰 비중을 차지하는 분야이기 때문에 키가 작아도 별 지장이 없고, 오히려 키가 너무 크면 전후좌우로 중심이 흩어지기도 한다.

어쨌든 평균적으로 키가 커야 유리한 건 맞는데, 위에서 제시한 수치에 많이 못 미치는 분들을 위해 조언을 드린다.

◆ 키를 키워라

농담이 아니다. 제한적이긴 하지만 실제로 키를 키울 수 있다. 나는 23세 군에 입대했는데, 160.8cm로 간신히 키 제한선을 통과했다. 그래도 우리 집에서는 최장신이다(ㅋㅋ). 그런데 지금 만 59세인 나의 키는 162cm이다. 이 나이면 보통 2~3cm 줄어든다는 통계를 감안할 때 약 4cm 정도 숨은 키를 찾은 것이다.

몸의 길이보다 더 중요한 것은 팔의 길이이다. 몸무게에 영향을 훨씬 덜 미치면서도 더 멀리 도달할 수 있기 때문이다. 팔 길이도 늘어난다. 평균적으로 인간은 머리끝에서 발끝까지의 길이와 양팔을 펼친 길이가 같다고 한다. 나의 키는 162cm인데, 양팔을 늘인 길이는 166cm이다. 과거에는 팔 길이를 재본 적이 없기 때문에 원래 그랬는지 후천적으로 늘어난 것인지는 모르겠지만, 어쨌든 그렇다.

비결은 단순하다. 쭉쭉 늘이는 습관을 유지하는 것이다. 잠들기 전과 깨어났을 때 기지개를 충분히 켠다. 이것은 손목, 발목, 종아리, 허리 스트레칭을 포함하는 취침 전후 5분 루틴에 포함되어 있다. 또한 낮에는 거꾸로 5분 상태를 거의 매일 실시하는데, 거꾸로를 못하는 분들은 철봉 잡고 매달리기를 하면 팔 길이가 늘어나는 효과도 있다.

클라이밍 시에는 먼 홀드에 과감히 도전한다. 운영하는 클라이밍 짐에서 관찰해 보면, 본인이 잡고 싶은 홀드만 2~3백 개씩 잡고는 만족해하는 분들이 있다. '숨은 키'를 찾으려면 먼 홀드로 세팅된 문제품이를 하는 것이 좋다. 정상적인 방법으로는 도저히 닿지 않는 홀드를 잡으려고 노력해야 한다. 이때 팔만 뻗지 말고 척추와 무릎 등 온몸을 늘이는 데 집중해야 한다. 그러다 보면 부가적으로 등반 테크닉도 좋아지는 이점이 있다.

◆ 유연성을 키워라

두 가지 이점이 있는데, 하나는 유연성을 증가시키면 멀리 뻗을 수 있어서 키가 커진 효과를 내준다. 그리고 또 하나는 유연성 운동을 통해 실제로 뼈마디가 늘어나 키가 커지는 결과를 가져온다.

그런데 유연성은 안 좋아도 문제이지만, 유연성만 좋아도 문제이다. 무슨 얘기냐면, 당신의 다리가 120도 벌어지다가 열심히 찢어서 150도까지 벌어지게 되었다고 가정해 보자. 그렇다면 예전보다 한 발짝 더 멀리 디딜 수 있겠지? 그런데 일단 쩍 벌어지기는 했는데, 그 상태에서 그 발을 통제할 수 없어 오도 가도 못한다면? 참으로 민망하기도 하지만, 자칫 부상의 위험도 있다.

그러니까 많이 벌어지는 게 중요한 게 아니라, 통제할 수 있는 벌어짐이 중요하다. 즉 유연성에 부합하는 근력이 필요한 것이다. 이를 위한 다음과 같은 방법이 있다.

① 그냥 늘이기만 하는 것을 Passive라고 하는데, 이는 단순한 유연성을 준다.

② 근육이 늘어난 상태에서 해당 근육에 힘을 주는(저항을 주는) Isometric. 근육의 길이가 늘어난 상태에서 수축을 시키므로, 늘어난 부분에 유연성과 근력을 동시에 준다. 예컨대, 깍지 낀 손으로 뒤통수를 눌러 뒷목을 늘인 상태에서 목을 원래 자리로 보내려고 힘을 쓰는 상태를 유지한다. 다리를 최대한 찢은 상태에서 그것을 오므리려고 힘을 쓰는 것도 이에 해당한다.

③ 아무런 저항이나 도움 없이 본인의 힘으로만 이완시키는 Active. 해당 근육뿐만 아니라, 주변 관련 근육에 유연성과 근력을 준다. 예컨대 손을 쓰지 않고 목을 앞뒤로 젖힌 상태나 좌우로 돌린 상태를 유지한다. 허리를 좌우로 본인의 힘만으로 돌린 상태를 유지하는 것도 이에 해당한다. 기마자세에서 양 무릎을 다리의 힘만으로 벌린 상태를 유지하는 것도 사타구니 유연성과 근력에 매우 좋다.

♦ 골밀도를 높인다

다리와 허리뼈 등에 지속적인 충격을 주는 게 좋은데, 이 행위를 통해 키가 커지지는 않겠지만 작아지는 것은 예방해줄 수 있다. 또한 골밀도가 높아지기 때문에 뼈가 부러지는 부상의 위험도 덜어줄 것이다. 달리기, 줄넘기 등 지속인 충격을 주는 것이 효과가 좋다. 다음 항목의 먹는 것과도 관계가 있다.

◆ 잘 먹는다

  햄, 청량음료 등 가공식품이나 탄 음식만 아니라면 뭐든 잘 먹는 게 좋다. 나의 경우를 말하자면, 물에 빠진 소고기, 닭고기, 돼지고기를 좋아한다. 백색 밀가루 식품 중에서 빵은 좋아하지 않아서 거의 안 먹는데, 면은 엄청 좋아해서 잔치국수, 비빔국수, 열무국수, 콩국수, 냉면은 자주 먹는다.

  황태는 숙취 해소를 위해 예전부터 무척 즐겨 먹었는데, 최근에 알고 보니 양질의 단백질이 소고기보다 4배나 많다고 하니 너무 희소식이다. 면역력에도 좋다고 하니 요즘에는 술안주로도 즐겨 먹는다.

  콜라겐과 엘라스틴은 보조식품으로 매일 정량 섭취하며, 키와는 상관없는 것 같지만 비타민C와 마그네슘도 매일 챙겨 먹는다.

잠자기 전후 5분의 중요성

잠자기 전후 5분 동안 무엇을 하느냐가 당신의 평생 건강을 결정할 수도 있다.

◆ 잠자기 전

몸의 긴장을 해소하여 좋은 잠을 유도하면서 독소를 제거하는 것이 목적이다.

① 기지개

10초면 족하다. 특히 허리를 잘 늘려주어라. 쭉 펴진 상태에서 잠을 자고 나면 키 크는 데, 또는 줄어들지 않는 데 도움이 된다.

② 발 마사지

엄지발가락을 포함한 내측면을 이용하여 다른 쪽 발의 족저근막(아치 부분)을 문질러주거나 두들겨 준다. 하루 종일 당신의 모든 무게를 받쳐준 발바닥에 대한 감사의 표현이다.

이 외에도 두 발의 엄지발가락을 서로 부딪치거나, 한쪽 발등으로 다른 발 뒤꿈치를 쳐주는 것을 추가하는 것도 좋다.

③ 종아리 마사지

두 가지 방법이 있다. 90도 구부린 한쪽 무릎에 다른 쪽 종아리를 문지르기. 한쪽 종아리와 다른 쪽 정강이뼈를 맞대고 비비기. 종아리는 제2의 심장이라는데, 이 정도의 노력은 기울여 주어야 한다.

④ 서혜부 림프 마시지

발바닥을 서로 맞댄다. 모은 발을 서혜부 쪽으로 끌어당겨 나비 날개처럼 무릎을 펼친다. 그 상태로 있어도 좋지만, 서혜부 접히는 부위를 손가락이나 손바닥으로 부드럽게 문질러주면 금상첨화이다. 당신은 1분이 지나기 전에 잠에 빠질지도 모른다.

⑤ 복식 호흡

잠이 잘 오지 않을 때 쓰는 방법이다. 숨을 마시며 복부를 부풀리고, 내쉬면서 허리 뒷부분 아치가 바닥에 닿도록 여러 차례 반복한다. 그래도 잠이 오지 않을지도 모르지만, 이걸 했다는 것만으로도 당신의 건강에 충분한 보상이 된다.

◆ **일어나기 전**

허리 부상을 예방하고, 몸과 머리를 워밍업하여 하루의 일과를 준비하는 것이 목적이다.

① **기지개**

내가 이제 일어나겠다는 걸 온몸에 알린다.

② **태아 자세**

무릎을 접어 손으로 감싼 채 태아 자세를 10초 정도 유지한다. 주의점은 무릎을 편 채 다리를 들어올리면 허리에 부담을 준다. 한 발씩 무릎을 접어서 올린다.

③ **허리 비틀기**

한쪽 다리를 다른 쪽 다리 너머로 넘겨 허리를 좌우로 틀어준다. 잠자리에서 아무것도 하지 않고 벌떡 일어나다가 허리를 다치는 사람이 꽤나 많다고 한다.

저녁 동작을 아침에 해도 되고, 아침 동작을 저녁에 해도 좋다. 귀찮더라도 최소한 두 가지 동작은 할 것. 가성비 최고로, 당신의 평생 건강을 도와줄 것이다.

아포리즘 - 09 **운동의 의미**

삶의 본질은 운동이다. 잠자는 것조차 더 큰 운동을 지속하기 위한 최소한의 운동이며, 운동하기를 그만둘 때 우리는 영원한 잠에 드는 것이다.

아프면 조율이 필요한 때

기타나 바이올린 등 현악기를 연주하기 전과 중간에 줄의 긴장 강도를 조율하지 않으면 그 악기는 최상의 소리를 내지 못한다. 또한 연주 후에는 모든 줄을 이완시켜 몸통이 변형되지 않도록 쉬게 해주어야 한다. 사람의 몸도 이와 같다.

◆ 운동 전이나 중간에

산에 오르거나 내려갈 때, 걷거나 뛸 때 무릎이나 발목 통증을 호소하는 사람들이 있다. 막상 병원에 가보면 뼈나 연골, 인대 등에 이상이 없다고 하는데 본인은 아프기만 하니 답답할 따름이다. 그런데 간단한 해결책을 말해주어도 실천하지 않고 또 아프다고 하니 나도 답답할 따름이다.

대부분은 근육의 문제, 더 정확히 말하자면 근육이 조율되지 않아서 생기는 증상일 가능성이 매우 크다. 어느 부분은 긴장되어 있고 어느 부분은 이완되어 있으면, 전체 근육의 강도가 서로 맞지 않아 그것이 관절에 불균형한 힘을 가하게 되어 통증이 발생하는 것이다. 따라서 근육의 강도를 조율하는 것만으로도 원인이 불분명한 대부분의 통증을 완화하거나 없앨 수 있다. 참 쉽다.

오르막과 내리막이 분명한 산행을 모델로 한다. 산에 오르기 전에는 허벅지 앞쪽과 종아리 뒤쪽에 특히 신경을 써서 스트레칭하거나 주물러주어야 한다. 내려가기 전에는 정강이와 햄스트링에 신경을 써서 같은 조치를 한다. 길게 오르거나 내릴 때 중간에 추가하면 더 좋고, 어느 부위에 집중할지 잘 모르겠으면 다 해주면 된다. 사타구니, 엉덩이, 다리 전체의 앞뒤를 골고루 사랑해 주면 된다.

♦ 운동 후에

연주가 끝나면 기타의 줄을 풀어놓듯이 운동 후에는 전신을 풀어주어야 한다. 위에서 말한 내용이 부상 예방을 위한 단기적인 조치라면, 운동 후의 이완은 우리 몸의 건강을 위한 장기적인 조치이다. 이것을 해주지 않으면 우리 몸은 기타의 몸통처럼 서서히 나쁘게 변형되어 나중엔 돌이킬 수 없게 된다.

이완과 회복을 주는 조치는 다양하다. 스트레칭과 마사지, 수분 섭취, 마그네슘 등의 미네랄 섭취, 기타 영양 음식 섭취, 충분한 잠과 휴식 등이 있다. 이 중에서도 평소에 잘 하지 않는 스트레칭과 마사지를 강조한다. 많이 할수록 좋지만, 단 10분의 조치만으로도 평생 건강을 유지하는 데 큰 도움이 된다.

좋은 끝은 좋은 시작으로 이어진다.

건강을 위한 행동 포인트 3가지

어떤 종류의 운동을 하는지에 관계없이, 부가적으로 하면 100년 건강에 좋은 행동 지침 3가지를 제안한다.

◆ 거꾸로 서기

장기와 골격이 수평으로 배열된 여타의 동물들과 달리, 인간의 것들은 수직으로 배열되어 중력의 영향을 중첩되게 받는다. 이 버거운 고난에서 우리 몸을 해방시켜 줄 필요가 있다. 거꾸로 서라.

한 가지 방법은 거꾸로인 채 매달리는 것이다. 기구에 누워서 뒤집는 방법도 있고, 철봉에 오금을 걸거나 기구에 발을 끼워서 매달리는 방법도 있다. 장기뿐만이 아니라, 목, 허리, 무릎, 발목 등의 관절들을 늘이고 정렬시켜 주는 효과까지 있다.

1초부터 시작해서 천천히 시간을 늘려야 하며, 뒤집히는 각도는 90도를 고집할 필요가 없다. 각자의 몸에 맞게 10%의 기울기라도 좋다. 또한 녹내장, 고혈압, 디스크 이상 등, 거꾸로 뒤집었을 때 문제가 있는지 반드시 확인 후에 해야만 한다.

또 한 가지 방식은 손을 바닥에 대고 하는 물구나무서기이다. 바닥을 딛기 때문에 관절 늘이기와 정렬 효과는 없다. 하지만 장기에 효과가 있으며, 어깨와 손목을 단련하는 효과도 있다. 초보자는 타인의 도움을 받거나 벽에 발을 대고 해야 한다. 다만 손목과 어깨 등의 유연성과 근력이 물구나무서기에 이상이 없는지 테스트 후에 해야 한다.

나는 초기 탈장을 자연 치유하는 경험을 한 적이 있다. 거꾸로 매달린 상태에서 몇 가지 조치를 추가하였다. 탈장 부위에 얼음팩 적용, 복식호흡과 함께 케겔운동이 그것이다. 거꾸로 매달린 채로 하는 것이어서 조금 어렵긴 하다. 수술 이외에는 방법이 없다는 탈장을 이렇게 해서 한 달도 안 되어 고친 것이다. 이후로 몇 년째 한 주에 4일 이상 거꾸로 매달리기와 물구나무서기를 하고 있다.

그리고 이건 순전히 내 생각인데, 몸을 거꾸로 뒤집으면 얼굴 피부가 좋아지는 효과도 있다.

◆ 한발 서기

직립 보행은 인류 진화의 중요한 요소이지만, 동시에 수많은 건강상의 문제도 일으켰다. 수직 일방향 하중으로 인한 목과 허리의 디스크 이상, 무릎과 발목의 통증, 고관절 이상 등은 골근격계 문제이다. 또한 하지정맥류와 부종 등 순환계의 문제도 겪는다. 소화계의 문제도 있으며, 위에서 언급한 탈장과 치질, 출산 등의 생식 및 비뇨계의 문제도 일으킨다.

위에서 말한 거꾸로 하는 자세만으로도 이것들의 문제를 완화하는 데 도움이 되는데, 그중에서 골근격계 문제에 더욱 효과적으로 작용하기 위해서는 관련 근육을 더욱 강화할 필요가 있다. 기왕에 두 발로 선 김에 아예 한 발로 서는 것이다.

단순히 한 발로 서서 버티기도 좋지만, 그 상태에서 여러 가지 동작을 추가하면 더욱 발전적이다. 든 발 무릎을 접어 90도 이상 유지하면 그쪽의 장요근과 허벅지근을 강화한다. 한 발 든 채로 상체 스트레칭을 하면 코어의 실전 안정성과 반응성이 좋아진다.

한눈을 감고 한발 서면 뇌신경계까지 젊어진다. 한발로 스쿼트를 하면 코어, 허벅지, 종아리, 정강이, 발목과 발가락, 이 모든 것들의 협응성이 현저하게 좋아진다.

한발 서기를 할 때는 어깨와 골반의 수평라인을 유지해야 제대로 효과를 볼 수 있다. 특히 뇌에 관심이 많은 분은 눈 감고 한 발 서기를 강력히 추천한다.

◆ 호흡

갓 태어난 아기를 보면 배만 볼록볼록 부풀리며 호흡하는 모습을 볼 수 있다. 이것을 복식호흡, 또는 횡격막 호흡이라 한다. 그러나 나이를 먹으면서 점차 가슴으로 하는 흉식호흡을 하게 되고, 시간이 흐를수록 숨은 목구멍으로 올라와 깔딱깔딱하는 얕은 호흡으로 변한다. 결국 마지막에는 그 숨이 밖으로 빠져나가 버린다. 낮은 곳에서 시작한 호흡이 점점 위로 차오르다가 결국은 하늘로 돌아가는 것이다.

더 건강하게 오래 살려면 복식호흡을 하기를 권장한다. 정적인 상태에서 연습하고, 운동 중에도 의식적으로 하다 보면, 어느 날 의식하지 않아도 일상적으로 복식호흡을 하고 있는 자신을 발견하게 될 것이다. 심지어는 잠을 잘 때도 복식호흡을 하게 된다.

슬럼프 탈출법

◆ 발전의 양상

발전이라는 것이 쭉 그은 사선처럼 연속으로 진행되는 것 같지만, 실은 계단식 불연속적으로 이루어진다. 그러므로 계단의 수평 부분, 즉 정체기는 발전에 동반되는 필수 과정으로 그 누구도 피해 갈 수 없다. 다만 계단의 폭과 높이가 항상 일정할 수만은 없다.

또한 계단의 폭이 매우 넓은 시기 또한 세상 누구도 피할 수 없다. 슬럼프(slump)라고 표현되기도 하는 정체기는 때로는 수평면의 기울기가 진행 방향으로 하향하는, 즉 쇠퇴기인 경우도 있다. 아무튼 이 시기를 극복하지 못하면 더 이상의 발전은 없다.

◆ 정체기의 의미와 해결책

두려움과 마찬가지로 길어진 정체기도 우리에게 보내는 경고등이다. 경고등이 켜지만 일단 무엇을 해야 하는가?

일단 멈출 것. 그리고 원인을 찾아낼 것. 게으름이 문제였다면 더 열심히 해라. 강박으로 인해 과도했다면 충분히 쉬어라. 비과학적인 방식이 문제인 경우도 허다하다. 그런데 나 스스로는 판단하기 어렵다면? 어느 정도가 정체기의 '너무 길어짐'인지, 그 원인이 정확히 무엇이며, 적절한 해법인지 모르겠다면?

이럴 때 필요한 것이 선생님이다. 돈을 들이지 않고도 선생님을 구할 수도 있다. 믿을만한 동료나 선후배에게 물어보라. 그들이 전문가가 아니거나, 혹은 당신보다 더 못하는 사람이어도 상관없다. 전문적인 조언은 구할 수 없을지라도, 다만 나를 객관적으로 보아줄 수 있다는 것만으로도 그들은 선생님이 될 수 있다.

나보다 잘하는 사람을 잘 관찰하는 것은 물론 너무 좋은 공짜 선생님인데, 나보다 못하는 사람을 관찰하는 것으로도 배울 수 있다. 잘 안되는 게 보인다면, 그건 바로 당신의 문제일 수도 있다. 바로 그 점을 고치면 된다.

유튜브 영상이나 책을 통해서도 얼마든지 배울 수 있고, 기술적인 것이 문제일 때는 스스로 찍은 영상이 큰 도움이 된다. 시도할 때마다 영상을 찍어두면 잘된 것과 못된 것을 비교할 수 있어서 정말 좋은 방법이다.

그러나 역시 가장 빠르고 정확한 방법은 수업료를 내고 프로 전문가의 도움을 받는 것이다. 세상에 공짜는 없다. 물론 퍼포먼스라는 측면에서 보면 프로보다 훨씬 잘하는 아마추어도 많이 있다. 그러나 '지도'라는 측면에서 보면 프로는 받은 만큼 더 잘 가르칠 수 있는 확률이 훨씬 높다. 그리고 학생 입장에서도 수업료를 낸 만큼 더 잘 배울 수 있는 것이다.

어쨌거나 슬럼프에 빠졌거나 더 빠른 발전을 원할 때, 선생님이 필요한 때이다.

난이도를 어떻게 올릴 것인가?

 공부를 하든 운동을 하든, 세상 모든 일에서 실력이 늘지 않는 사람들의 중요한 공통점이 하나 있다. 자기가 할 수 있는 것 이하로만 한다는 것이다. 한계치는 전혀 건드리지 않고 그 밑에서 돌고 또 돌면서, 그저 양적으로 많이 했다는 위안을 얻는다. 현상 유지가 목적이라면 이 꾸준함도 물론 아주 좋은 덕목이다. 그러나 실력 향상에 마음이 있다면 그것은 전혀 도움이 되지 않는다.
 오래전에 영어교수법을 공부할 때 배웠던 이론이 기억난다. 다 잊어버리고 핵심 개념만 기억난다. ⟨i + 1⟩의 원리이다.
 알파벳 i는 내가 이미 알고 있는 것, 또는 할 줄 아는 것이다. 숫자 1은 올려야 할 난이도의 정도이다. 그것을 성취하면 i + 1은 새로운 i가 되고, 서기에 또 1을 더해서 도전하는 것이다. 공식화하자면 다음과 같다.

$$i + 1 = 향상된\ i$$
$$향상된\ i + 1 = 더\ 향상된\ i$$
$$더\ 향상된\ i + 1 = 더\ 더\ 향상된\ i$$

올려야 될 숫자 1이 어느 정도인지는 세상 모든 분야마다 조금씩 다를 수 있는데, 100% 중에 대략 10%라고 보면 된다. 클라이밍에서는 난이도 등급이 체계화되어 있어 너무 편리하다. 예컨대 자신이 5.10a를 할 수 있다면 5.10b에 도전하는 것이 좋고 10c를 경험해 보는 것도 좋다. 난이도를 너무 올려 10d나 11대를 하는 것은 실력 향상에 도움이 되지 않고 부상의 위험만 높인다. 그리고 어디에서 어떤 5.10b 루트를 붙여도 70% 이상 성공률이 된다면 5.10c에 도전할 때가 된 것이다. 가장 이상적인 발전은 그렇게 이루어진다.

종목에 따라 다를 수 있지만, 양을 늘이는 것도 난이도의 상향 조정에 해당된다. 나는 25년 1월부터 달리기를 일주일에 두세 번 꾸준히 해왔다. 5km를 뛰다가, 어느 날부터 페이스는 유지한 채 7km를 뛰기 시작했는데, 그것은 지구력 측면에서 난이도를 적절히 올린 것이라 생각한다.

많이 힘들었지만, 몸에 이상이 생기지 않았기 때문이다. 그러니까 같은 거리를 뛰면서 페이스를 올려 시간을 단축하는 것은 질적 난이도 상향이고, 페이스는 똑같이 하되 거리를 늘이는 것은 양적 난이도 상향인 것이다.

만약에 외국어 공부를 하고 있다면, 하루에 10문장을 공부하다가 12문장을 공부하는 것도 난이도 상향이고, 똑같이 10문장을 하되 좀 더 어려운 문장을 공부하는 것도 난이도 상향이다.

*덧붙임 말:

7km/50min 정도가 일상이었는데, 어느 날 뭔 욕심이 나서 45분에 끊은 적이 있다. 무릎 통증으로 한 달 넘게 고생했다. 난이도 조절에 실패한 것이다. 다시는 무리하지 않을 거지만, 그래도 후회는 없다. 그게 뭐라고, 그날 좋았던 기분으로 보상이 된다.

미는 힘과 당기는 힘
-보조 운동 1

◆ 싸움의 차이, 자연계와 인간계

 싸움에서 어느 방향의 힘이 더 중요할까? 육식동물인 사자와 초식동물인 기린의 싸움을 상상해 보자.

 포식자(predator)인 사자는 영양을 물어야 하고, 무는 것은 당기는 힘이며, 따라서 당기는 힘은 '죽이는 힘'으로, 사자를 사자이게 하는 힘이다. 반면에 피식자(prey) 입장인 기린은 사자를 밀어내야 한다. 그들이 뒷발로 사자를 차는 것은 죽이려는 목적이 아니라 떨쳐내려는 것이다. 따라서 미는 힘은 '탈출의 힘'이다.

 그럼에도 불구하고 두 힘은 '생존'이라는 공통점을 가지고 있다. 기린은 밀어내고 도망쳐야 살 수 있고, 사자는 물어 당겨서 상대를 죽여야 살아갈 수 있다. 힘의 '방향'이 다를 뿐, 둘 다 생존을 위한 본능이다. 그런데 기린은 밀어내야만 살 수 있는 건 아니고, 그들은 풀을 당겨서 뜯어먹어야 살 수 있다.

풀의 입장에서는 (그럴 수만 있다면) 기린을 밀쳐내어야 살 수 있고…. 미는 것이 공격인 경우도 물론 있다. 뿔을 서로 들이받는 동물들은 그 싸움에서 이겨야 암컷을 차지하거나 무리의 왕이 된다. 그러나 이 경우의 싸움은 서로를 죽이는 것이 목적은 아니고 서열을 정하기 위한 힘겨루기이다.

인간의 경우에는 싸움의 양상이 다소 변형되었다. 두 손이 자유로운 인간은 두 힘을 모두 죽이는 힘으로도, 탈출의 힘으로도 사용할 수도 있다. 그런 이유로 격투기도 두 가지 유형이 있다. 당겨서 제압하는 레슬링, 유도, 씨름 등이 있고, 밀쳐서 쓰러뜨려야 하는 복싱, 태권도, 검도 등이 있다. 물론 당기는 것과 치는 것이 모두 허용되는 종합격투기도 있다.

여기에서 중요한 것은, 미는 힘과 당기는 힘이 선천적으로 결정되어 태어난 그대로 살아가면 되는 자연 생태계와 인간계는 다르다는 점이다. 인간은 태어난 그대로 그저 먹고 사는 '단순한 생존'을 넘어 '건강한 생존'을 추구하기 때문에 '운동'이라는 것을 수행한다. 여기에서 문제가 하나 발생할 수 있는데, 특정한 종목의 운동을 하다 보면 미는 힘과 당기는 힘의 불균형이 생길 수 있다는 것이다.

미는 힘만 주로 쓰는 사람은 무언가를 당겨야 할 때 어려움을 겪을 수도 있고, 더 중요한 것은 바로 그때 부상을 입을 수 있다. 당기는 힘만 주로 쓰는 사람도 마찬가지이다. 한 가지 더하자면 힘, 즉 근육의 불균형이 미학적으로도 좋지는 않다는 것. 따라서 밀고 당기는 운동의 균형을 잡는 것을 권장한다.

◆ 클라이밍의 경우

클라이밍은 주로 당기는 운동이니 클라이밍을 잘하려면 당기는 연습을 열심히 해야겠지? 나의 대답은 물론 Yes이지만 한 가지 조건이 있다. 전체 운동량 중에 미는 운동을 적어도 30%는 포함하라는 것이다. 이유는 첫째, 부상을 예방한다. 둘째, 클라이밍 퍼포먼스를 오히려 향상시킨다. 셋째, 평생 자원인 건강한 몸을 만들어 준다.

클라이밍을 더 잘하기 위해서 운동량을 늘릴 거라면 총량을 늘려야지, 미는 운동의 비율을 줄여서는 안 된다. 미는 운동도 골고루 하는 게 좋다. 팔굽혀펴기, Dips, 물구나무서기, 서서 바벨 들기, 고무 밴드 뽑아 올리기 등 여러 종류가 있는데, 그것들을 하루에 다 하려고 하지 말고 요일별로 돌아가면서 집중적으로 하는 게 좋다.

인간은 자연 본능으로부터 어느 정도 벗어나 있지만, 그것이 이미 유전자에 각인이 되어 있는 상태이다. 그러므로 본능으로 회귀할 수는 없고, 차라리 지금 상태를 더 합리적으로 관리하는 것이 좋다. 미는 힘과 당기는 힘의 균형이 필요하다.

상하, 좌우, 강함과 유연함
-보조 운동 2

◆ 일상에서 보조 운동의 필요성

 제목에서 제시한 서로 대립되는 것들이 5대5에 가까운 균형을 이루는 운동이면 좋을 것 같은데, 어떤 게 있을까? 내가 떠올린 대표적인 것은 농구이다. 하체와 상체의 근력을 골고루 사용하며, 좌우 수시로 방향을 전환해야 하는데, 힘과 유연성 모두를 골고루 요구하기 때문이다. 물론 슛을 쏘는 동작에서 한쪽 손을 주로 쓴다는 점에서 100%라고는 할 수 없지만, 다른 종목에 비해 비교적 완전한 편이라고 본다. 나는 농구에 전혀 소질이 없는데, 소질이 조금이라도 있고 재미를 느끼는 분이라면 강력히 추천하는 운동이다.

 그런데 세상에는 그 외에도 재밌는 운동이 너무나 많고 취향도 가지각색이다. 따라서 당신이 어떤 종목을 선택했다면 대립되는 면의 부족한 부분을 보조 운동으로 채우길 권장한다. 가령 한쪽 팔만을 사용하는 테니스, 배드민턴, 탁구 등을 하고 있다면 반대팔 근육도 발달시킬 수 있는 보조 운동을 하는 게 좋다. 때때로 반대팔을 사용하여 경기를 하는 것도 생각할 수 있는데, 그렇게 해서 대등하게 경기를 펼칠 수 있는 상대가 있다면 아주 좋은 방법이다. 그러나 사람은 잘 되는 쪽으로만 하려는 욕심 때문에 그걸 하는 사람이 있을지 의문스럽기는 하다.

허리와 골반이 한쪽 면으로만 치우치는 야구, 골프, 볼링 등을 선택했다면 보조 운동이 더욱더 중요하다. 그러지 않으면 척추에 심각한 문제가 생길 수 있기 때문이다. 실전 경기가 아닐 때에 반대편 스윙을 연습하는 것은 좋은 보조 운동이 될 것이다.

런닝에 재미를 붙였다면 상체 근력 운동도 반드시 병행하길 바란다. 반대로 스포츠 클라이밍을 하고 있다면 하체와의 균등한 발달을 위해 런닝을 운동 루틴에 꼭 넣기를 바란다. 앞에서도 말했듯이, 반대편 보조 운동을 최소한 30%는 포함해야 한다.

◆ 러너와 클라이머

달리기 선수도 경기력 향상을 위해 상체 운동을 할 필요가 있다. 적당한 상체 근력은 오히려 추진력을 주기 때문에 필요하다. 특히 단거리 선수들을 보면 상체 근육이 상당히 발달한 것을 볼 수 있는데, 그로서 추진력을 더 얻을 수 있다는 것은 밝혀진 사실이다. 기타 다른 종목은 전문가가 아니라서 잘 모르지만, 주운동 외에 보조 운동 없이는 경기력 향상을 이룰 수 없다.

나는 암벽등반가이다. '자연 암벽'에서의 등반은 상·하·좌·우, 거의 완벽에 가까운 밸런스를 요구하는 운동이다. 그 10가지 효능은 다음 기회에 정리하기로 하고, 여기에서는 일반인들도 잘 아는 '인공 암벽'에서의 클라이밍에 대해 이야기하려 한다. 이는 실제 자연 암벽이 아니라 인공 벽과 인공 홀드를 이용하는 형태로, 올림픽 중계에서 볼 수 있는 바로 그것이다. 앞에 '스포츠'라는 단어를 붙여 '스포츠 클라이밍'이라고도 부른다.

이 스포츠 클라이밍의 부족한 점과 그 보완책에 대해 조언해 보고자 한다.

스포츠 클라이밍만으로는 부족한 것이 두 가지가 있다. 첫째, 거의 상체 근력에 의존하기 때문에 하체 근력이 부족해질 수 있다. 둘째, 무산소 운동이기 때문에 심폐지구력이 상대적으로 약해질 수 있다. 물론 스포츠 클라이밍에도 이른바 '지구력 훈련'이라는 유산소 방식이 있긴 하지만, 역시 그것만으로는 부족하다. 따라서 하체 운동과 유산소 운동을 채워줘야 하는데, 이 둘을 동시에 충족시켜 줄 수 있는 것이 런닝이나 등산이다.

뛰어난 스포츠 클라이머가 가져야 하는 하체의 세 가지 요건이 있다. 첫째와 둘째는 가벼우면서도 강해야 한다는 것. 그리고 세 번째는 유연해야 한다. 클라이밍을 하다보면 자신의 머리 위로 다리를 들어올려야 하는 경우도 있고, 하체를 90도 이상으로 비틀어야 하는 경우도 있기 때문이다. 러닝으로 첫째와 둘째 요소를 충족시키고, 요가나 필라테스 동작으로 세 번째 요소를 채우면 더할 나위 없이 좋을 것이다.

아포리즘 - 10 힘과 유연성

힘과 유연성은 창이자 방패이다. 힘이 없는 몸은 뚫지 못하는 창이며 밀려나는 방패이다. 유연성이 없는 몸은 목표물을 빗나가는 창이며 깨지기 쉬운 방패이다.

운동 궁합

위 에피소드에서 운동 밸런스의 원리를 이야기했다면, 여기에서는 구체적으로 종목별 밸런스를 다루고자 한다. 운동 궁합을 맞추어 볼 포인트는 세 가지다.

① 상하 밸런스
② 무산소와 유산소
③ 근력과 유연성

◆ **웨이트 트레이닝**

소위 헬스장을 다닌다면 대개는 상체와 하체의 근력 트레이닝을 모두 할 것이고, 그것들은 거의 무산소 운동이다. 따라서 전신으로 하는 유산소 운동인 '수영'을 가장 좋은 궁합 운동으로 추천한다. 수영을 못할 상황이라면 헬스장에서 하는 유산소 루틴을 따르면 된다.

◆ 테니스, 탁구, 배드민턴 등

이 운동들은 유산소와 무산소, 상체와 하체의 밸런스가 모두 좋은 편이다. 다만 사용되지 않는 팔을 트레이닝해야 할 필요가 있다. 고무 밴드 방법을 추천한다. 가령 오른손잡이라면, 왼손으로 고무 밴드를 안쪽과 바깥쪽으로 당기되, 라켓을 치는 동작과 유사하게 방식으로 운동한다.

◆ 클라이밍

좌우 밸런스가 가장 완벽한 운동 중 하나라는 것이 클라이밍의 장점이다. 다만 하체 근력 운동이 많이 부족하다. 여기서 말하는 클라이밍은 인공암벽등반, 즉 스포츠 클라이밍을 의미한다. 산으로 길게 올라가며 진행되는 자연 암벽등반은 예외적으로 하체 운동을 충분히 포함하고 있다. 또한 지구력 파트에서는 유산소도 포함하고 있지만 전반적으로는 무산소 운동이다. 따라서 하체로 하는 유산소 운동을 해주는 것이 절실하다. 달리거나 산에 오르거나 자전거를 타면 부족함이 한꺼번에 해결된다.

◆ 러닝

러닝은 어떤 종목과도 함께 하면 너무 좋은 운동의 기본이다. 다만 상체 근력이 부족한데, 시간을 절약하고 이것저것 번거롭지 않게 한 가지로 해결되면 좋을 것이다. 클라이밍과 요가를 추천한다.

다만 요가는 상체 근력을 많이 사용하는 형태가 좋다. 굳이 명칭을 나열하자면 빈야사 요가, 아쉬탕가 요가, 파워 요가, 암발란스 요가 등이 있다.

◆ 축구

유산소 무산소를 모두 포함하고, 하체 운동성은 매우 크다. 따라서 상체 웨이트 트레이닝, 클라이밍, 그리고 위에서 열거한 상체 근력 집중 요가를 하면 좋다.

◆ 요가, 필라테스 등

두 운동은 물론 다른 것이다. 또한 요가에는 그 하위 종류가 많아서 똑같은 원리를 적용하긴 힘들므로 공통적인 장점을 말하자면, 유연성, 상하 밸런스, 좌우 밸런스가 좋다는 것. 그리고 좋은 호흡을 한다는 것. 다만 하체 운동과 함께 좀 더 격렬한 심장 박동을 느끼고 싶다면 런닝, 등산, 라이딩을 병행하는 것이 좋다.

또한 이 운동을 하는 분들이 클라이밍을 한다면 좀 더 잘할 가능성이 크다. 클라이밍은 유연성과 깊은 호흡, 상하좌우 밸런스를 요구하기 때문이다. 또한 큰 근육보다는 잘게 찢어진 근육을 요구하기 때문에 두 운동의 궁합이 매우 좋다.

더 많은 종류의 운동을 다루지 못한 것이 아쉽다. 그러나 지금까지 언급한 원리를 잘 파악했다면, 어떤 다른 운동을 하고 있더라도 본인 스스로 좋은 궁합 운동을 찾아낼 수 있을 것이다.

음주와 운동

운동 후의 음주, 괜찮은가? 글을 끝까지 읽어보고 스스로 판단해보기 바란다.

무더운 여름날, 등반이 끝나고 하강하니 목이 탄다. 물을 마시고 있는데, 옆에 있는 형은 물을 안 마신다. 물이 없어서 그런가 싶어서 내 것을 권했더니 거절한다. 왜 그러냐고 물어봤더니, 갈증을 참고 내려가야 맥주가 더 시원하고 맛있다고, 그 생각으로 견딘다고….

참으로 신박한 발상에 일단은 감탄이 절로 나왔다. 그리고 염려가 되었다. 몸이 원하는 것은 주지 않고, 반대로 해로운 것을 주기 때문이다.

술은 기본적으로 누구에게나 건강에 좋을 리가 없다. 특히 운동하는 사람들에겐 더 안 좋은 영향을 미친다. 회복과 근육 형성을 위한 몸의 모든 기능들이 알코올을 분해하는 데 우선 작동되어야 하기 때문이다. 운동의 효과를 다 까먹는 것이다.

운동과 술을 동시에 좋아하는 사람들에게는 참으로 안타까운 일이다. 그러나 술을 참는 데서 오는 스트레스와 마심으로써 얻는 정신적 만족도를 생각한다면 술이 오직 나쁘기만 한 것도 아니다. 안 마시면 물론 좋겠지만, 굳이 운동 후에 술을 마시고 싶은 사람들을 위해 조언을 주고자 한다. 그런데 사실 이것은 나 자신을 위한 조언이기도 하다.

> "운동이 끝나는 시간과 술을 마시기 시작하는 사이의 시간을 최대한 늘린다. 그리고 이 시간에 최대한 근육에 영양을 공급해 주어라."

시간이 그리 많지 않을 것이므로 흡수 속도가 중요하다. 단백질은 우리 몸에 들어와도 아미노산으로 분해된 뒤에 다시 단백질로 합성되는 과정을 거치기 때문에 평균 3시간 내외의 시간을 요한다. 안주로 고기 먹을 거라고? 소용없다. 분해와 흡수 속도가 너무 느리고, 더군다나 이미 술까지 마시고 있다.

가장 좋은 것은 이미 분해된 형태인 아미노산을 직접 섭취하는 것으로, 평균 30분 이내로 근육에 회복제를 투입할 수 있다. 식품으로는 된장, 김치, 식초 등 발효식품이 있으며, 황태를 포함한 생선류도 있다. 견과류도 좋은데, 이것의 또 다른 장점은 운동하러 갈 때 휴대하기가 좋다는 것이다.

가장 편리하고 효과적인 것은 제약회사에서 영양식품으로 출시하고 있는 아미노산 제품인데, 가성비 측면에서도 아주 좋다. 짜 먹는

젤, 물에 타 먹는 분말, 막대 형태의 고형분, 이렇게 세 가지가 있다.

물도 충분히 섭취해 주어야 하는데, 수분과 단백질을 동시에 섭취하는 좋은 방법이 있다. 아미노산 분말 제품을 물병에 타서 마시는 것이다. 달리기 중에도 이렇게 마시면 근육의 회복에도 좋지만, 술자리에서 마시는 술의 양도 많이 줄어든다는 것을 알 수 있다.

이런 제품에는 아미노산뿐만이 아니라 여러 가지 미네랄과 비타민도 복합되어 있는 경우가 많으므로 성분과 함량을 꼼꼼히 따져 보고 사는 게 좋다. 필수아미노산 9종을 모두 포함하고 있어야 하며, 그 총함량은 4,000mg 이상이어야 좋다. 필수아미노산 중에서 3종(BCAA)은 우리 몸에서 전혀 합성할 수 없고, 또한 섭취 시간을 거치지 않고 바로 근육에 투입되는 특성을 가지고 있기 때문에 특히 중요하다. 여기에 준필수 아미노산인 아르기닌까지 포함되어 있으면 금상첨화이다.

술 마시기 전에 최대한 빨리 먹는 게 좋은데, 클라이머라면 하강을 마치는 즉시 영양소를 섭취한다. 산에서 내려가는 동안 근육이 회복될 시간을 주는 것이다. 빠를수록 좋다. 가령 어려운 4피치를 마치고 나머지 5~6피치는 편하게 갈 수 있는 경우에, 4피치를 마친 후에 영양분을 섭취한다면 몸이 회복할 시간을 더 많이 벌어주게 된다.

이렇게 영양 조치를 해놓고 산을 다 내려간 다음에는 스트레칭이나 마사지를 해주면 최상이다. 아무리 술이 급해도 적어도 10분 정도는 투자해 주기를 바란다.

자 이제 술을 마시기로 했으면 맛있고 즐겁게 마실 것. 안 마시는 게 가장 좋지만 어차피 마셔야 한다면 이렇게 마실 것….

◆ **황태 무침 안주 레시피**

황태는 숙취 해소에 좋아서 평소에도 국으로 끓여 즐겨 먹던 식품이다. 그런데 단백질이, 그것도 아미노산 형태로, 게다가 소고기의 4배나 들어있다는 사실을 최근 알고는 더욱 즐겨 먹는다.

첫째, 재료는 황태 300g, 참기름 적당량, 간장 2수저, 고추장 2수저, 참치나 멸치액 1수저, 맛술 2수저, 올리고당 1수저, 깨소금이나 통깨 적당량. 간장, 고추장, 참치액, 맛술, 올리고당을 그릇에 섞어 양념장을 만들어 놓는다.

둘째, 황태를 물에 담가 흔들어 씻는다. 오염물질을 제거하기 위함인데, 특히 미세 플라스틱을 염두에 둔 것이다. 한두 번만 재빨리 헹구어내면 된다. 오래 씻거나 물을 너무 꾹 짜내면 맛까지 잃어버리므로 주의한다. 물에서 건진 황태를 살짝만 눌러서 물기를 짜낸다.

셋째, 먹기 좋게 4cm 정도로 자른 후 참기름 2수저 정도를 넣어 잘 버무린다. 바로 해도 되지만 기름이 배도록 10분 이상 방치해 놓으면 좋다.

넷째, 황태를 프라이팬에 넣고 중불에 볶는다. 탱클탱글해질 때까지 저어주면 된다.

* 운동 시 영양식으로 먹을 거면 이 상태에서 끝.

다섯째, 이제 양념으로 무칠 건데, 세 가지 방법이 있다.
-양념을 30분 이상 숙성시켜 놓았다면 그냥 무치면 된다.
-양념을 황태 위에 골고루 뿌리고 중약불에 살짝 볶는다.
-양념만 따로 살짝 볶은 후에 황태에 뿌려 무친다.
　나는 번거롭지 않은 첫 번째를 선호한다.

여섯째, 참기름을 적당량을 넣어 버무린다.

일곱째, 그릇에 담은 후 통깨나 깨소금 적당량을 뿌려준다.

*여기까지는 술안주용으로, 짜지 않은 맛. 밥반찬으로 하려면 간장, 고추장, 액젓, 올리고당 등을 기호에 맞게 추가하면 된다.

*양념장에 마늘이나 생강 추가도 기호에 따를 것.

*황태를 볶을 때 후춧가루를 넣는 것도 기호에 따를 것. 나는 이것을 선호한다.

3부

사회적 삶

부모님이 나를 낳았지만, 내가 던져진 곳은 사회이다. 내가 사회 안에서 행복해지는 두 가지 방식이 있다. 나로 인해 사회가 더 풍요로워지는 것, 그리고 사회가 나의 행복을 침해하지 않도록 저항하는 것.

나의 2억 5,251만 원은
도대체 어디에?

한국은행과 통계청이 발표한 2024년 대한민국 국민대차대조표에 따르면 2억 5천2백5십1만 원은 대한민국 국민 평균 1인당 순자산이다.(유튜브 채널 '박종훈의 지식 한방') 경제대국이라는 일본보다 6,850,000원 많은데, 당신은 이 수치에 동의하십니까? 평균으로부터 어디쯤에 위치에 있나요? 기분은 괜찮으신가요?

남의 재산 내역을 알 방법이 없으니 그냥 나의 경우를 말해보자. 나는 1인 가족이니 계산하기도 쉽다. 집값, 자동차와 기타 물건값, 그리고 현금 자산을 모두 더한 다음에, 거기에서 빚을 빼면 순자산이겠지? 1분 만에 계산 끝! 약 8천5백만 원이다. 일단 나 자신에게 슬프고 한심하다는 느낌이 든다. 육십 평생 살면서 가진 자산이 평균의 3분의 1밖에 안 된다니….

개인적인 무능은 스스로 반성하기로 하고, 이제부터는 사회적 담론을 이야기하고자 한다.

내가 평균에 가까워지기 위해서는 의정부 지역의 집값이 두 배, 즉 100% 오르거나 서울 강남지역의 집값이 10% 정도 내려야 할 것이다. 정확한 계산과 통계는 전혀 아님을 밝힌다. 나의 집값이 100% 뛰어도 나의 자산은 1억 7천 늘어나는 반면에, 강남에 20억짜리 아파트 가격이 10%만 하락해도 그보다 많은 2억이 줄어들기 때문에 그렇게 단순 가정해본 것이다.

그런데 극소수의 누군가는 100억 원 또는 1,000억 원 이상을 가지고 있을 것이다. 나보다 백배 천배 비싼 부동산을 가진 이들이 나의 평균을 다 깎아 먹은 것이다. 그런데 경제전문가인 박종훈이라는 분이 조금 위로를 주는 수치를 제시하였는데, '중위 자산'이라는 개념이 있다. 단순 평균이 아닌 인구 중에서 딱 중간에 해당하는 사람의 자산 수치를 말한다. 한국의 인구를 5,000만이라 가정하면 2,500만 1번째 사람의 자산은 1억 40만 원이라는 것이다. 이상하게도 한국에서 이 중위 자산 통계를 잘 내놓지 않기 때문에, 그분이 여러 가지 방법으로 추정했다고 하는데, 이런 분이 한국의 경제 정책에 큰 도움이 되었으면 한다.

아무튼 내가 중위 자산에 조금 더 가까워졌다는 것에 위로를 느끼면서도, 또 한편으로는 화가 난다. 정부의 통계 발표의 치사한 의도 때문이다. 내 것도 아닌 평균 수치를 제시하면서 너무 기울어진 불평등한 부의 소유 현실에서 국민들의 눈을 가리고 있다. 중위 자산과 평균 자산이 무려 2배 이상의 차이가 난다. 얼마나 적은 기득권이 얼마나 많은 자산을 가지고 있다는 말인가? 정말 이래도 되나 싶은 생각에 한편으로는 슬프고 한편으로는 화가 나기도 한다.

한국의 자산 불평등 지수는 0.612(2023년)로, 벨기에의 0.45보다 높고, 일본의 0.54보다도 높다. 그나마 조금 위로가 되는 건 미국의 0.75보다는 낮으니, 미국도 참 문제가 많은 나라이다. 이런 나라가 과연 세계의 최고 선진국이라고 말할 수 있는지, 선진국이라는 의미나 지표도 재조명되어야 하지 않을까 하는 생각이 강하게 든다.

또 한 가지 너무 의외였던 한국의 불평등 지수가 있다. 바로 소득 불평등 지수인데, 이는 0.314로 매우 낮은 편이다. 즉 노동자들이 자신의 노동으로 인해 벌어들이는 소득의 분배에 대해서는 비교적 평등하게 느낀다는 것이다. 소득은 평등한데 자산은 왜 불평등할까?

바로 부동산 때문이다. 부동산값 상승이 자산 정도를 결정적으로 좌우한다는 것이 대한민국의 현실이다. 아무리 열심히 일해도, 아무리 좋은 아이디어로 모험을 해보아도, 그 외의 어떤 시도를 해보아도 집값 상승을 도저히, 죽어도 따라잡을 수가 없다. 주식을 포함한 금융시장의 불건전성은 부동산 공화국의 결과이면서 동시에 원인이기도 하다. 이런 식으로는 대한민국의 현재는 불행하고 미래는 암울할 뿐이다.

집값 상승이 부의 원천이 되어서는 안 된다. 정부의 올바르고 뚝심 있는 정책 실행을 촉구하며, 우리 국민들의 의식과 행동의 발전적인 변화도 기대해 본다. 열심히 일하고 혁신하면 잘 살고 잘 쉬게 되는 대한민국을 위하여!

일하지 않는 30%의 개미

◆ 원래 생각

참으로 대단한 곤충학자가 엄청난 발견을 했다. 개미굴을 관찰했더니, 개미들이 먹이를 나르고, 집을 보수하고, 알을 돌보는 등 공동체를 위해 실용적인 일들을 정말 열심히 하는데, 그 비율이 70% 정도라고 한다. 나머지 30%의 개미는 쓸데없이 왔다 갔다 할 뿐, 실용적인 일은 전혀 하지 않는다. 일하는 70%와 일하지 않는 30%를 분리하면 어떤 현상이 벌어질까?

당신도 상상할 수 있는 그 일이 벌어졌다. 분리된 두 그룹 모두에서 일하지 않는 30은 어떻게든 생겨났다. 그런데 그것들은 일을 하기 싫어서 안 하는 게 아니라, 나름 심오한 사연이 있다. 100% 가동하는 것보다 일정 비율의 예비군을 두는 게 더 합리적이라는 것이 개미들의 생각이다. 그리고 일하지 않는 놈들이 딱 고정되어 있는 건 아니고, 상황에 따라 일에 투입되기도 하고 역할을 바꾸기도 한다는 것이 관찰되기도 했다. 참으로 똑똑한 개미들이다.

인간 세계도 유사한데, 다만 우리는 합리적이라는 판단하에 일부러 그러는 것은 아니고, 그냥 그렇게 하도록 되어 있는 모양이다. 하긴, 개미들도 회의를 하고 투표를 하여 그렇게 정한 건 아니겠지. 그렇게 하도록 본능에 장착되어 있는 것이겠지.

그런데 우리 인간들은 일하지 않는 자들에 대해서 부정적인 시선을 가진다. 투명 인간인 듯 무시하기도 하고, 쓸모없다고 모욕을 주기도 한다. 나는 그러지 말기를 권유한다. 상황이 요구하면 어떤 역할에 투입되어 더 큰 업적을 이룰 수도 있고, 또 끝까지 일을 하지 않는다 하더라도 어쩔 수가 없다. 일하지 않는 것 자체가 그들의 역할일지도 모른다.

◆ 갑자기 파생된 생각

예컨대 정치적 지지라는 면에서, 나는 아무리 생각해도 이쪽이 옳아서 지지하는데, 옳지 않다고 여겨지는 그 반대쪽을 지지하는 사람도 반드시 있다. 그쪽의 사람들의 입장에서는, 아무리 생각해도 그쪽이 옳은 것이겠지? 생각을 해보고 또 해봐도 참으로 신기할 뿐이다.

물론 사회적 정세에 따라서 지지하는 비율은 유동적이고, 그것이 여론의 변화 또는 민심의 향방이다. 5 대 5로 팽팽할 때도 있고 한쪽으로 많이 기울 때도 있다. 그런데 아무리 한쪽이 안 좋아도 대략 7 대 3 정도의 마지노선이 무너지지는 않는 것 같다.

어쩔 수 없다. 중요한 것은 내가 지지하는 쪽이 득세를 해도 저쪽을 핍박해서는 안 된다는 것이다. 반대로 내가 지지하는 쪽이 찌그러져도 받아들이고 미래를 도모해야 한다. 그래서 중도층 40%가 중요한데, 이들을 어떻게 내 편으로 설득하느냐가 정치하는 사람들의 관건이다. 지금은 그들이 나를 몰라주어도, 정말 능력이 있고 진정성이 있다면 언젠가는 알아준다. 그렇게 꾸준히 하는 편이 결국은 승리할 수 있다.

열심히 착하게 해야 한다. 민주주의 방식이 아닌 폭력, 사기, 독단, 거짓으로 해결하려고 하는 자는 엄중히 처벌해야 한다. 안 그러면 다 죽는다.

아포리즘 - 11 개인주의와 이기주의

개인주의자는 그저 자기 집의 담장을 잘 쌓고 문단속을 잘할 뿐이다. 이기주의자는 여기에 더해 남의 집 담 너머를 기웃거리며, 남의 집 문이 침입될 때는 무관심하거나 심지어는 구경거리로 삼기도 한다.
나는 개인주의자들의 공동체를 꿈꾼다.

노인과 젊은이,
누가 더 일을 많이 하는가?

늙은이들은 일을 더 하려 하고, 젊은이들은 점점 더 일을 하지 않고 있다. 대한민국 통계청의 최근 고용동향보고서에 따르면 25년 5월 기준 전체 취업률 70.5%로, 0.5% 상승했다. 세부적으로 보면 60대 이상에서 70%를 넘어 많이 상승한 반면, 10~20대에서는 46.2%로 오히려 하락했다고 한다. 이러한 현상에 대해서 전문가들과 언론은 이러저러한 원인 분석과 대책을 말하는데, 일리가 있는 것도 있고 동의할 수 없는 것도 있어서 몇 자 적어본다.

◆ 노인네들에 관하여

세상이 변하여 오늘날의 60대는 육체적으로나 정신적으로나 노인도 아니다. 70대에도 일할 수 있는 사람이 꽤 많다. 그러므로 고령화 사회가 뭐가 문제인지 나는 도무지 잘 모르겠다. 나이가 많아도 건강하면 경제활동을 하면 된다. 노인들은 젊은이에 비해 동작은 느리지만 경험에서 오는 능숙함과 이해력으로 충분히 그것을 상쇄

할 수 있다.

 사회적 비용이 많이 든다고 말하기도 한다. 아니다. 많이 주더라도 일을 잘하면 그것이 오히려 비용 절감일 수도 있다. 일 잘할 수 있는 사람들을 정년이라는 명분으로 모두 퇴직시켜 놓고는 일할 사람이 없다고 하는 게 우리의 현실이다. 그들이 평생 쌓아온 노하우를 최대한 활용해야 한다.

 정년을 연장하는 것을 넘어서 정년이란 것 자체를 아예 없애야 한다고 나는 생각한다. 다만 여러 가지 문제를 고려하여 일정한 나이부터는 '자율 근로계약제'를 법제화하면 된다. 고용주와 근로자가 자율적으로 근로 기간과 임금을 합의하여 계약하는 것이다. 그 계약에 합의하고 일하느냐 안 하느냐는 그들의 선택이다.
 젊은이들의 기회를 뺏는다는 논리도 있지만 나는 동의할 수 없다. 두 세대는 할 수 있는 일도 다르고, 본인들이 하고 싶은 일도 많이 다르므로 경쟁자라고 보기에는 무리가 있다. 경쟁은 같은 세대 내에서, 같은 업종 간에, 또 나라와 나라 간에 벌어지는 거 아닌가? 그리고 설사 경쟁 좀 하면 어떤가, 그러면서 발전하는 거지.

 기본 소득? 있어야지, 기본 소득은 현대 복지국가의 필수 정책이어야 한다. 젊은이들에게 부담을 준다? 젊은이들 또한 자신들도 나중에 그런 혜택을 받는다는 믿음을 주지 못하는 것이 문제이다. 정치인들과 공무원들이 똑바로 일해야 한다. 거꾸로 되돌릴 수 없는,

신뢰할 수 있는 시스템을 만들면 되며, 대한민국은 그런 역량을 충분히 가지고 있다.

　기본 소득만 받고 아주 검소하게 놀 사람은 놀고, 일까지 추가하여 더 풍족하게 살고 싶은 사람은 그렇게 하면 된다. 나는 65세가 되었을 때 결정하려고 한다. 기본 소득이 얼마냐에 따라서 선택이 달라질 건데, 희망 사항은 있다. 기본 소득이 최소 100만 원은 되었으면 좋겠다. 거기 더해서 100만 원어치만 더 경제활동을 하면, 일하기와 놀기가 딱 좋게 균형을 이룰 것 같다. 다시 말하지만, 희망 사항이다.

◆ 젊은이들에 관하여

　요즘 애들은 힘든 일은 안 하려고 한다고, 편한 일만 찾는다고 한탄하는 어른들이 있다. 그럴 때마다 내가 좀 이상한 건지도 모른다는 생각에 말은 안 했지만, 오늘은 솔직하게 고백해야겠다.

　'나 같아도 그럴 것 같은데.'

　그럴 수밖에 없어서 힘든 일을 하는 거지, 안 할 수만 있다면 누구든 힘든 일을 하고 싶지 않지 않을까? 시대가 변했다. 많이 버는 것도 중요하지만, 삶을 즐기는 것도 중요하다. 이제 좀 쉬엄쉬엄 즐겨야지, 라고 생각할 때 힘이 없어서 못 놀면 그 무슨 낭패란 말인가. 힘이 남아 있다 해도, 젊어서 안 놀아본 사람은 늙어서도 노는 법을 모르더라.

―사회적 측면: 젊은이들의 취업률이 하락하는 중요한 원인 중 하나는 사회적 불평등 때문이다. 나는 열심히 일해도 이 모양인데, 어떤 놈은 부모 찬스다 학연 찬스다 뭐다 해서 저 높이 가 있으니 누가 일하고 싶겠는가. 사회가 공정해지고 부강해지면 문제가 되지 않을 정도로 해소될 것이다. 사회가 정말 공정한데도 안 되면 그때는 자기 자신 탓이다.

―개인적 측면: 정확히 어느 나이 때라고 구분해야 할지는 어렵지만, 어쨌든 통칭 어른들의 대부분은 그저 돈이 되는 일을 해야 했다. 지금은 그런 시대가 아니다. 젊은이들은 자신이 하고 싶은 일, 잘할 수 있는 일을 찾을 시간을 가져야 한다. 그런 일을 찾았을 때 그 개인도 행복하고, 그것이 사회 전체로 볼 때도 발전에 도움이 된다. 그러니 그들의 취업률이 저조해도 그리 문제될 게 아니다. 다소 늦어지더라도 자신들이 원하는 적절한 직업을 제대로 찾는 것이 중요하다. 자꾸 문제라고 하니까 문제이다.

사회적 문제로 인하여 취업률이 떨어지는 건 아주 나쁘다. 그걸 해소할 의무는 국가와 사회, 그리고 어른들에게 있다. 사회가 공정한데도 일을 안 하겠다는 놈은 어쩔 수 없다. 그렇게 살아야 하고, 그 또한 어떤 의미가 있을 수도 있다.

나는 보수인가 진보인가?

네 가지 혈액형 중에서 어떤 형이 좋고 어떤 형이 나쁜 것인가?
대답할 의미가 없는 질문이다. 보수와 진보에 대해서도 마찬가지이다. 그럼에도 불구하고 우리는 끊임없는 보수와 진보의 구분에 직면하게 된다.

우선 내가 보수인지 진보인지, 그 각각은 어떤 성향을 갖는지부터 알아보자.

◆ **보수와 진보 판단**

사람의 성향을 16가지로 나누는 MBTI 유형 분류법이라는 게 있는데, 이것을 보수와 진보를 구별하는 판단 자료로 사용할 수 있다고 생각한다. 구글의 AI Gemini는 MBTI에 대해서 다음과 같이 설명하고 있다.

① 에너지 방향:
- E(Extroversion, 외향): 외부 세계, 타인과의 상호작용, 활동

등 외부로부터 에너지를 얻는 경향.
- I(Introversion, 내향): 내면세계, 자신의 생각과 감정, 혼자만의 시간 등 내부로부터 에너지를 얻는 경향.

② 정보 수집 방식:
- S(Sensing, 감각): 실제적인 경험, 구체적인 사실, 현재에 집중하여 정보를 수집하는 경향.
- N(Intuition, 직관): 가능성, 아이디어, 패턴, 미래 지향적인 관점으로 정보를 수집하는 경향.

③ 판단 방식:
- T(Thinking, 사고): 논리적 분석, 객관적인 사실, 원리원칙에 기반하여 판단하는 경향.
- F(Feeling, 감정): 개인적인 가치관, 타인의 감정, 관계를 고려하여 판단하는 경향.

④ 생활 양식:
- J(Judging, 판단형): 계획적이고 조직적이며, 분명한 목표를 가지고 체계적으로 생활하는 경향.
- P(Perceiving, 인식형): 융통성 있고 자율적이며, 상황에 따라 유연하게 대처하며 변화를 즐기는 경향.

ESTJ가 나왔다면 보수적 성향의 맨 끝에, INFP가 나왔다면 진보적 성향의 맨 끝에 있다고 할 수 있다. 그 외 14개 유형은 이 둘 사이에서 스펙트럼을 이룬다. 그런데 16개의 유형 중에서 어떤 것은 좋은 것이고 어떤 것은 나쁜 것이라고 말할 수 있는가? 당신은 좋은 것인가 나쁜 것인가?

◆ 다름은 틀림이 아니다

네 번째 항목에서 나는 P의 성향 중에서도 정도가 심하다. 예컨대, 내일이나 모레 비 소식이 있어도 등반을 할지 말지, 오늘 결정하지 못한다. 이런 성향으로 인해 스트레스를 많이 받는다. 왜냐하면, 함께하는 J들은 미리 결정할 것을 요구하기 때문이다. 심지어는 등반 마치고 내려오면 몇 시가 되냐고 묻기도 한다. 왜 이런 걸 미리 정해야 하지? 그때 가서 상황에 따르면 안 되나? 예전에는 도무지 납득이 안 되어 스트레스를 받았는데, 지금은 많이 유연해졌다. 성향의 차이를 알았기 때문이다.

'아 이 사람 J이구나. 심한 J이네.'

이렇게 판단해버리면 스트레스를 안 받거나 덜 받는다. 타고난 성향이 그러하므로 고쳐질 문제가 아니고 따져봐야 둘 다 상처받는다. 마찬가지로 나의 성향도 변하지 않을 것이다. 그렇기 때문에 타협한다. 뒤풀이 때 뭘 먹을 거냐고, 등반도 시작하기 전에 묻는 사람에게 지금은 이렇게 말한다.

"J가 결정하면 P는 먹습니다."

그렇다고 이 J가 특정한 무얼 먹자고 주장하는 건 아니다. 다만 무엇이든 간에 미리 계획되어 있어야 마음이 편할 뿐이다. 그래야 편하다는데 조금 호응해 주면 안 되나? 이제는 그대들을 이해한다, 정말이다. 그러니 J들이여! P에 대해서도 이해해 주길 바란다. 닥친 상황에 즉흥적으로 대처하는 것보다 미리 결정해야 하는 것에 훨씬 더 마음의 불편함을 느낀다는 것을. 이 둘 중 누구도 틀린 것은 아니고 그냥 다른 것이다.

◆ 제5의 요소, 태도

달라서 싸우기도 하지만, 다르니까 화합할 수도 있다. 성향이 같으면 어울리기 좋지만, 같은 극이 서로 밀어내듯이 같아서 싸우기도 한다. 자연의 본능에서 많이 벗어난 우리 인간은 어떻게든 관계 속에서만 살아남을 수밖에 없다. 대립 상황에서 나의 성향을 끝까지 밀어붙이면 누구든 깨진다. 바꾸어야 하는데, 성향은 바꿀 수는 없는 것 같다.

태도는 바꿀 수 있다. MBTI 요소에 빠져 있는 제5의 요소가 바로 '태도'이다. '태도'라는 단어를 '품성'으로 바꾸어도 별 차이가 없을 것이다. 서로 이해하고 인정하려는 화합의 태도가 있다면 보수와 진보는 오히려 서로에게 없어서는 안 될, 스스로는 만들어내지 못하는 필수 비타민 같은 존재이다.

그런데 화합의 유의어는 '희석' 또는 '섞임'이 아니다. 빨강과 파랑을 섞어서 보라색을 만드는 게 화합일까? 화합이랍시고 살인마 전두환을 사면시켜 돌아다니게 만든 것이 과연 누구를 위한 화합이란 말인가?

선종한 카톨릭 교황 프란치스코는 2014년 한국을 방문했을 때, 세월호 참사 유가족을 만난 자리에서 비통해하며 이렇게 말했다.
"인간의 고통 앞에서 중립을 지킬 수 없다."
그렇다, 화합은 중립도 아니다. 만약에 이태원 참사 앞에서 중립을 지킨다면 그것은 도대체 어떤 태도일지 상상이 되질 않는다. 프란치스코의 '중립을 지킬 수 없다'의 의미는, 이런 고통이 '있어서는 안 되는 일이었고, 앞으로도 없어야 한다'는 것이다. 그러기 위해서는 원인을 철저히 규명해서 고통의 책임이 있는 자는 반드시 처벌받아야 한다. 그것이 또 다른 고통을 예방하는 길이다.

화합의 반대말이 다툼도 아니다. 다툼이 없으면 화합도 없다. 상대를 이해하려고 나 스스로와 다투어야 하며, 나를 이해시키기 위해서 상대와도 다투어야 한다. 다름을 인정하고 치열하게 다투었을 때 태도의 변화가 가능해진다.
다툼의 다른 이름은 '소통'이다. 소통의 노력을 기울일 때 태도를 변화시킬 수 있다. 좋은 품성을 가지게 되는 것이다.
결국 화합이란 다툼을 통해 설득하거나 설득당하는 것이다. 그러나 당연하게도 내 입장에서는 설득하고 싶을 것이다. 설득당하지는 않고 하려고만 한다면, 또한 너도 그런 입장만을 고집한다면 화합은 결코 이루어질 수 없다. 결과적으로 좋은 화합을 위한 방법론은 있다.

◆ 화합의 방법론

소통과 화합의 방법론은 '최우선 순위'를 따지는 것이다. 암벽등반에서도 몇 가지 논쟁거리가 있는데, 그중의 하나가 확보 장비의 사용으로 튜브형을 사용할 것인지 기계식을 사용할 것인지의 선택이다.

등반은 기본적으로 2인이 한 조로 이루어진다. 등반자가 추락했을 경우, 일정한 거리에서 멈추게 해주는 파트너가 꼭 필요하다. 이때 로프를 잡아주는 장비를 확보 장비(빌레이 장비)라고 한다.

튜브형은 오른손을 절대로 놓치면 안 되는 방식이고, 기계식은 오른손을 놓치더라도 장비의 보조 장치가 작동하여 멈추어 준다. 도무지 합의가 이루어지지 않는 그 논쟁에 끼어든 적이 있다. 내가 물었다.

"그 두 장비의 공통적인 용도가 무엇이지요?"
"확보, 즉 등반자가 추락 시 멈추어 주는 거요."
"왜 확보하나요?"
"등반자 안전을 위해서죠."
"왜 안전해야 하나요?"

"에…?"

계속 파고드니 '안전'이라는 단어에서 멈춘다. 이 장비가 존립해야 하는 최우선 순위는 안전인 것이다. 안전이 본질이다. 이것에 서로 동의하고 다시 다투어 보면 결론은 그리 어렵지 않다.

본질에서 벗어나면? 즉 '안전'이라는 본질 대신에 다른 것, 예컨대 자신의 '사용 편의성' 같은 것을 최우선 순위로 두고 있다면? 위 논쟁에서 각각의 장비는 나름대로 사용 편의성을 가지고 있는데, 그것을 기준에 두고 있으면 절대로 화합할 수 없다. 그것은 '악'이라 불러도 좋을 것이다. 여기에 보수 또는 진보라는 이름을 붙일 수 없다. 두 진영 간의 대립으로 포장하여 나쁜 의도를 숨기는 사기이며 기만이다. 그런 사람과는 건설적인 대화도 화합도 불가능하다. 그런데 그 사람이 바로 '당신'일 수도 있다.

◆ **진짜와 가짜**

보수는 '무언가'를 지키려는 현재 유지적 성향이며, 진보는 그 '무언가'를 바꾸려는 미래 변화적 성향이다. 중요한 것은 그 '무언가'가 무엇이냐이다. '무언가'가 좋은 것이라면 보수가 옳고, '무언가'가 나쁜 것이라면 진보가 옳다. 과거에 옳다고 여겨졌던 '무언가'가 지금은 옳지 않은 것이 되기도 하고, 그 반대도 마찬가지이다. 시간만 지난다고 그냥 바뀌는 것은 아니고, 길든 짧든 다툼의 결과이다.

'무언가'에 해당하는 또 하나의 예를 클라이밍에서 들자면 바로 '8자 하강기'라는 것이 있는데, 그것을 지금도 고집하는 사람이 있다. 결론을 미리 말한다면, 안전이라는 본질의 눈으로 볼 때 이것의 사용은 '좋지 않은 것'이다. 물론 이는 암벽등반에 한정된 이야기다. 다른 분야에서는 여전히 적합할 수도 있다. 또한 예전의 장비가 새로운 시각에서 재평가되어 다시 좋은 것으로 회귀하는 경우도 있다.

첫째, 떨어뜨렸을 때 밑에 있는 사람에게 치명상을 줄 수 있다. 둘째, 떨어뜨리면 하강기와 확보 장비를 동시에 잃는 것이므로, 역시 자신과 동료에게 위험을 안겨준다. 셋째, 하강 시에 로프를 심하게 꼬이게 만들어 역시 위험 요소가 된다. 그럼에도 불구하고 오늘날 여전히 이걸 고집하는 사람도 있다. 물론 이것이 진보고 옳은 것이었던 시절도 있었지만, 상황이 변한 지금이라면 수구 꼰대 취급을 받아 자연스럽게 외면당한다.

극진보도 외면을 당한다. 새로운 장비가 출시되면 꼭 사서 사용하는 사람이 있다. 그러나 그 안전성이 검증될 때까지는 그것의 사용은 보류하는 것이 좋다. 검증이 이루어지는 시점까지는 보수가 옳은 것이다.

결국 보수와 진보는 시점의 문제이며, 안전이라는 최우선 순위에 의견을 같이하는 '진짜' 보수와 진보라면, 소통을 거쳐 화합을 만들어낼 수 있다. 그 본질에서 벗어난 것들은 다 가짜이다.

수도권 제1순환고속도로를 건설 중 사패산 터널을 뚫을 때, 아는 형님은 그것에 절대 반대하여 망루에 올라 1인 시위까지도 했던 열성자였다. 이 글을 쓰는 중에 그 형님을 만나서 물었다.

"산을 뚫지 못하게 막아서던 그 순간 형님은 보수였나요, 진보였나요?"

그는 대답했다.

"보수지. 그런데 생각해 보면 나는 인생의 대부분을 보수로 살았던 것 같아."

그런데 그가 속한 모임은 소위 진보라고 하는 진영이었다.

"결국 사패산 터널은 뚫렸지. 그런데 나중에 도로가 다 건설되고 나니까, 그게 참 편리하고 좋긴 하더라."

이렇게 말하며 그는 웃었다. 나는 또 한 가지가 궁금했다.

"그 전에, 그러니까 반대 행동을 할 때, 도로가 완공되면 좋을 수도 있다는 생각은 안 해보셨나요?"

"그런 생각도 해보긴 했지. 그런데 반대에 부딪히지 않고 무조건 산을 뚫게 놔둘 수는 없잖아. 자본이 하고 싶은 대로 다 하게 놔두면 자연이 뭐가 되겠냐. 저항이 있어야 저들도 함부로 안 하고 신중하게 하지. 그래서 내 행동에 후회는 없지만, 도로 건설의 결과가 나쁘지 않다는 것은 인정한다."

나는 그가 건전한 보수라고 생각한다. 자연을 지키려는 보수 입장에 섰다가 졌지만, 결국 그 결과를 인정한다. 본질을 찾으려 고민했기 때문이다. 자연을 최대한 지키는 것이 좋지만, 인간의 삶에 어느 정도 부합하도록 개발할 필요도 있다. 그들이 반대한 건 편리한 도로가 아니라 무섭게 질주하는 자본의 이익 논리였다. 제한 없는 진보의 속도를 통제하는 브레이크 역할을 하고자 했던 것이다. 이렇게 보수와 진보가 다투면서 역사는 흐른다.

◆ 민주주의에 대해서 아시나요?

집단의 규모가 점점 커져 어떤 이슈가 전 국가적 차원으로 커질 때, 그리고 그 이슈가 예민한 것일 때, 그 대립은 완전히 심각한 문제가 된다. 예컨대 군필자에게 가산점을 주는 것이 맞는가? 낙태와 안락사 문제는? 친일파 청산은? 대통령 5년 단임제의 개헌은? 검찰 수사 기소권 분리 문제는? 신자유주의 문제는? 등등….

마지막 항목을 다루어 보자. 신자유주의는 국가 개입을 최소화하고 시장 논리에 맡기자는 것이다. 경제 성장으로 국가 전체의 부도 커질 수 있지만 빈부 격차가 커지고 노동자 처우 개선이 더딜 수 있다. 이쪽이면 보수라고들 한다. 반면에 빈부 격차 해소와 처우에 더 초점을 맞추어 국가가 더 적극적으로 개입하면 기업 활동은 위축될 수 있다. 이쪽이면 진보라고들 한다. 관점에 따라 전자가 진보이고 후자가 보수일 수도 있는데, 상관없다. 어쨌거나 대립하고 있는데, 이 둘이 화합할 수 있을까?

법인세니 기본 소득이니 이런 거 따지기 전에 본질을 파고들면, 국가 경제의 목표는 국민을 잘살게 하는 것이다. 오직 이 본질을 기준으로 삼는 정치인이 '진짜' 보수와 진보이며, 그들은 소통하여 적절한 정책을 만들어낼 수 있다. 말로는 국민, 국민 하면서 속으로는 자신의 사적 이익을 기준점으로 두고 있는 정치인은 보수냐 진보냐 따질 필요도 없다. 그들은 정의롭지 않은, 그냥 나쁜 사람들일 뿐이다.

어쨌거나 타협이 이루어지지 않아도 결정을 내려야 할 순간은 다 가온다. '무언가'를 유지할 것인지 바꿀 것인지, 그것이 특히 국가 전체에 너무 중요한 정책일 때, 누가 어떻게 판단하고 결정할 것인가?

소수 권력층이 자기들 맘대로 이끌어갈 때 우리는 그것을 독재라고 부른다. 그러한 독재도 싫지만, 만장일치로는 아무것도 진행되지 않는다. 그래서 발명한 것이 민주주의의 다수결 원칙이다. 49%가 반대해도 51%가 찬성하면 그 길로 가는 것이다. 49%가 옳을 수도 있지만 시간이 흘러 결과를 보기 전까지는 알 수가 없으니 어쩔 수가 없다.

1987년 우리는 전두환을 꺾고 직접 민주주의 대통령 단임제를 쟁취했다. 모든 게 다 된 것 같았는데, 그 소중한 결과물을 쿠데타 2인자인 노태우 정권에게 갖다 바쳤다. 그리고 또 모든 게 잘 흘러가나 싶었는데, 지금에 보니 단임제의 문제가 확연히 드러나는 것이다. 여전히 진화하고는 있지만 민주주의는 느리고 미숙한 제도이다. 그러나 어쩌겠는가, 그보다 더 나은 체계를 우리 인류는 아직은 찾지 못했다.

  2024년 12월 3일 현직 대통령에 의한 비상계엄 사태가 발생했다. 요건도 절차도 갖추지 않은 친위 쿠데타이다. 어떻게 이 시대에 이런 퇴행이 가능하냐고 많은 사람이 걱정했지만, 모순적으로 이것은 민주주의이기 때문에 가능했던, 민주주의 파괴 행위였다. 그럼에도 불구하고 우리는 민주주의 대위기를 민주주의 방식으로 해결하고 있다. 수많은 시민들이 광장으로 나와 평화적 저항을 했으며, 일부 국회의원은 내란을 옹호했지만, 국민의 노력으로 대통령은 탄핵되었고, 또한 다수결로 새로운 대통령이 선출되었다. 새로운 정부는 진정한 화합을 바탕으로 정말 잘해주기를 바라지만, 또 잘못한다면 주권자들의 저항은 계속될 것이다.
  민주주의를 극복할 수 있는 것은 민주주의뿐이다.

아포리즘 - 12 약속에 관하여

약속할 때마다 무얼 거는 사람이 있다. 명예, 직책, 부모님, 성경…. 진짜 약속을 지킬 사람은 그런 걸 걸지 않는다. 그는 자신이 보여줄 결과를 이미 알고 있기 때문이다.

가르기 정치

정치인, 또는 정치집단이 국민 다수의 마음을 얻을 수 없을 때 써먹는 비법이 있다. 갈라치기이다. 그래야 나누어진 어느 한 부분이라도 먹을 수 있으니.

◆ **페미니즘**

나는 페미니즘에 동의한다. 페미니즘이란 여성에 대한 차별을 철폐하여 성평등을 실현함으로써, 결국에는 남녀를 넘어 인간 자체가 평등해지는 것이어야 한다. 이 근본이념을 벗어난다면 어떤 이름을 붙이든 나는 그것에 반대한다. 특히 남녀 간에 갈등과 혐오를 조장하여 어느 한쪽의 지지를 받으려고 하는 세력을 혐오한다.

화학 시간에 '화학적 평형'에 대해 배운 적이 있다. 화학적 평형이란 양쪽 간에 반응이 없는 상태가 아니라 반응 속도가 같아서 정지해 있는 것처럼 보이는 상태, 라고 기억하고 있다. 평형선을 넘어 더 올라서려고 하면 다른 한쪽을 선 아래로 눌러 내려야 하는데 이는 싸움밖에 안 된다. 둘 다에게 손해이다. 과거에 차별받은 서러움은 이해하지만, 평형선을 넘지 않았으면 좋겠다.

자신들의 이익을 위해 이런 상황을 악용하는 세력들이 있다. 남녀를 갈라치기해서 소통을 없애려는 정치세력은 결국은 반드시 실패한다. 평형을 깨면 폭발하기 때문이다. 다만 실패하기 전의 고통과 피해는 우리들의 몫이라는 사실에 분노가 치민다.

◆ 세대론

세대 포위론은 2022년 대통령 선거 때 누군가가 사용한 선거 전략이었다. 20대와 6~70대가 그 중간 세대를 포위한다는 내용이다. 40대와 50대에 진보층이 많다 보니, 그들을 버리는 대신에 청년과 노인들의 보수성을 자극하여 표를 얻겠다는 계산이다. 나이를 갈라치기하여 갈등과 분열을 조장한 치졸한 수법이다.

철학도 없고 정책도 모르며 국민은 안중에도 없고, 오로지 정치적 야욕을 채우고 사적 이익만을 추구하기 때문에 이런 짓이 가능하다. 일시적으로는 성공할지 모르나 위에서 지적한 바와 같이 반드시 그 대가를 치르게 되어 있어 혹독한 날들이 다가오고 있다.

20대 남자들이 심하게는 극우화되고 있으며, 그것은 한국을 포함한 세계적인 현상이라고들 말한다. 여기서는, 한국에 대해서만 말해 보자.

우익이란 무엇인가? 우선 민족주의가 들어가는데, 같은 민족끼리 뭉치고 서로 돕자는 것은 당연한 심리이며 행동이다. 그러나 그게 심해지면 배타적인 패권화 문화를 만들게 되며, 더 극단적으로 가면 전선과는 상관없는 타민족 민간인까지 학살하는 제국주의 침략까지도 정당화하게 된다. 과거 독일의 나치즘이 그 예라 할 수 있다.

그런데 한국의 20대 남자들이 강한 민족주의를 가지고 있는가? 그래서 통일, 자주, 이런 것들을 부르짖고 있는가? 그래서 패권화되고 제국주의를 옹호하는가? 아니, 그들은 그런 것에 거의 관심조차 가지고 있지 않다. 그들을 극우라고 부르는 것은, 그들의 지지를 받고 있지 못한 세력들의 갈라치기 프레임이다. 실상은, 무언가에 불만을 가지고 있는데, 그 불만과 같은 목소리를 내거나 그런 것처럼 보이는 소위 우익들과 같은 편인 것처럼 보일 뿐이다. 그 세력의 진정성이 드러날 때, 20대는 그들을 계속 지지하거나 지지를 철회할 수도 있다.

그들이 무엇에 불만을 가지고 있는지 우리 사회는 알고 살펴야 한다. 사회는 불공정한데, 여자들은 치고 올라오고, 군 입대라는 의무는 있으나 혜택은 없고, 그런 상황에서 자신은 흙수저이고, 미래에 대한 전망이 암울하기 때문에 그들은 불만과 저항을 표현하고 있는 것이다. 누구든 어느 세력이든 이러한 것들을 이해하고 해결하려는 노력과 성과를 보일 때, 그들로부터 진심 어린 지지를 받을 수 있을 것이다.

어느 세대 안에서든 비율의 차이는 있겠지만 좌익과 우익, 극좌와 극우가 있을 수 있다. 20대 남자들도 마찬가지이다. 자기를 지지하지 않는다고 해서 그들을 통쳐서 극우화라는 프레임을 씌우는 것에 강력히 반대한다. 또한 우연히 그들과 같은 목소리를 낸다고 자신들을 진정으로 지지한다고 여기는 착각에도 경종을 울리고 싶다. 언젠가는 그 진정성이 밝혀질 때 우리 사회는 혁명을 겪을 수도 있다.

◆ 지역 분할

한국에서는 전라도와 경상도를 가르는 것이 전통적인 지역 갈라치기이다. 어차피 한쪽의 지지를 못 받을 바에는 다른 한쪽이라도 확실하게 챙겨 먹자는 것이다. 한때는 충청도당도 따로 있었지만 1990년 3당 합당으로 인해 충청도는 경상도 쪽으로 많이 기울어졌다. 이 사건으로 인해 당시의 평화민주당은 단독 야당으로 고립되었으며, 지역적으로는 전라도 안에 발이 묶이게 된 것이다. 국민들이 투표로 만들어 준 야당이 정치인들 임의대로 여당이 되었으니, 이는 민의와 민주주의에 대한 심각한 배신이었다고 본다.

그런데 최근에 지형이 많이 변화해 있다. 고립되었던 더불어민주당이 충청, 제주로 확산되었으며 PK(부산, 울산, 경남)에서도 꽤나 지지를 받고 있는 중이다. 그에 따라 국민의힘당은 경북당으로 그 세력이 완전히 쪼그라들 위기에 처해 있다. 그저 국회의원 한 번 더 해 먹는 것이 정치의 목적이었기 때문이다.

소위 진보라고 칭했던 더불어민주당은 이제 주류 중도가 되었다. 그러나 견제가 없으면 타락할 수밖에 없다. 건전한 보수당과 진보당이 재정립되어 양쪽에서 더불어민주당을 견제해야 한다. 그래야 국가와 국민이 행복해진다.

◆ 보수와 진보

정의, 민주주의, 국익, 이런 것들에 대해서 내세울 것이 없을 때의 전략 중 하나가 보수와 진보를 가르는 것이다. 그렇게 그럴싸한 이름의 두 편으로 가름으로써 그 안에 숨어 있는 추악한 실제를 가리는 것이다. 본질을 함께 바라본다면 보수든 진보든 문제 될 것이 없다. 문제가 되는 것은 국민의힘에 '국민'이 없을 때, 더불어민주당이 '더불어' 하지 않을 때, 노동당에 '노동'의 가치가 배제될 때, 조국혁신당에 '혁신'이 없을 때 문제가 되는 것이다. 정의당에 '정의'가 없어서 사라진 것에 대해서도 우리는 주목해야 한다.

◆ 인종 차별

미국이 대단한 나라인 이유는 다양성에서 찾을 수 있다. 미국은 멜팅 팟(Melting Pot), 샐러드 보울(Salad Bowl)이라는 별칭으로 불릴 정도로 많은 인종, 민족, 이민자로 구성된 나라이다. 그렇게 다양한 출신의 구성원들이 모여 세계 제1의 강대국 지위를 구축했다는 것이 참으로 신기할 지경이다.

그러다 보니 인종 갈등이 매우 심하다. 애초에 미국은 수많은 아메리카 원주민을 학살하면서 건국된 나라로 원죄에서 벗어날 수 없다. 그럼에도 불구하고 갈등들을 나름대로 해결하면서 오늘에 이르렀으니, 과거는 그렇다 치고 중요한 것은 지금이다.

미국의 트럼프 대통령이 자주 쓰고 등장하는 모자에서 MAGA라는 글자를 볼 수 있다. "Make America Great Again" 즉 "미국을 다시 위대하게" 만들자는 것이다. '다시'라는 말에서 알 수 있듯이 과거 언제 적에는 위대했는데, 어느 시기에 위대하지 않게 되었으니, 자기가 다시 위대하게 만들겠다는 의미로 해석된다. 그리고 위대하지 않았던 시기는 민주당의 오바마 대통령과 바이든 행정부 때를 지칭한다는 것을 짐작해 볼 수 있다.

미국이 언제 Great 했는지는 잘 모르겠지만, 어쨌든 다시 Great 하게 만들겠다니 흥미롭게 지켜볼 것이다. 다만 인종을 갈라치며 차별하는 것으로 자신의 욕구를 채우지 말라고 경고하고 싶다. 그가 개인적으로 '백인우월주의자'인 것은 어쩔 수 없지만, 세계를 주도하는 리더의 지위라면 절대로 그래서는 안 된다. 적어도 자기 나라 내에서는 그래서는 안 되지. 한 나라의 대통령이 국익을 우선으로 하는 것은 당연하다. 그렇다면 미국 시민 전체를 위한 것이어야 한다, 백인에게 편향된 것이 아니라.

MAGA 문구는 트럼프가 만든 것은 아니다. 1980년에 레이건이 처음 사용했고, 1992년에 클린턴도 사용했다. 그러다가 2012년 오바

마가 재선에 성공한 다음 날부터 트럼프가 사용하기 시작했으며 이 문구에 대해 상표권 등록을 했다. 상표권 등록이라니! 돈이 그의 이념과 사상이라는 것을 단적으로 보여주는 상표권 등록. 자기가 만든 것도 아니면서 말이다.

백 마리째 원숭이가 되자[1]

◆ 청결하고 맛있어진 고구마

선결제 기부라는 것이 언젠가부터 확산되어 행동 모델로 자리잡았다. 2024년 제주항공 여객기 사고, 2025년 경북 산불 등의 재난 사고 때에도 익명의 선결제 기부는 유족, 이재민, 소방관, 심지어는 지역 상권에까지 훈훈한 도움이 되었다. 이렇게 새로운 행동 모델이 정착하는 메커니즘을 설명하는 현상이 있다.

일본의 고지마라는 무인도에서 일어난 사건이 있다. 그곳에 사는 원숭이들은 처음에는 고구마에 묻은 흙을 손으로 털어내고 먹었다. 그러다가 어느 원숭이가 강물에 씻어 먹기 시작했고 그것을 따라 하는 숫자가 어느 정도에 이르자 모두가 따라 하여 하나의 문화가 되었다. 강물이 마르자 바닷물에 씻어 먹었는데, 의외의 이점이 있

---

[1] 후이나 유키오, 『백 마리째 원숭이가 되자』라는 책의 제목에서 따옴. 사계절, 1996.

었다. 적당히 소금 간이 된 고구마가 맛이 더 좋아서 한 입 먹고 또 찍어 먹고 하는 행동이 나타났다고 한다. 하나의 전체적 문화가 되는 데 필요한 임계 숫자, 그것을 백 마리째 원숭이라고 칭한다.

이에 대해 누군가는 '공명'이니 '집단무의식'이니 라는 이론으로 설명하기도 하고, 검증되지 않은 유사 과학이라는 판정도 있지만, 나는 그런 것을 따지고 싶지는 않다. 중요한 것은 선구자가 어느 좋은 것을 제시하고, 어느 정도의 숫자가 되면 전체가 함께 하는 문화가 될 수 있다는, 하나의 설명 모델일 수 있다는 것이다.

이러면 좋을 텐데 생각만 할 것이 아니라, 나라도 시작하자'며 행동하는 사람이 선구자이고, '나 하나 보탠다고 결과가 바뀌겠어'가 아니라 "백 마리째 원숭이가 되자"라고 따르는 사람이 세상을 바꾼다.

◆ 헬멧은 선택인가

"암벽등반 시에 헬멧을 반드시 써야 하는가?"

등반인이 아닌 분들은 대부분이 그렇다고 대답할 것 같은데… 확실치 않다, 나의 생각일 뿐이다. 어쨌거나 중요한 것은 이 문제와 직접 관련이 있는 등반인들이다.

등반의 유형 구분 중에는 '단피치'와 '멀티 피치' 등반이 있다.

단피치 등반은 30미터 이내의 거리를 등반한 후 바로 땅으로 내려온다. 이것을 계속 반복하며, 그런 등반을 하는 곳을 보통 '암장'이라고 부른다. 멀티 피치 등반은, 30미터 내외 거리를 오른 후 내려오는 것이 아니라 그곳에 매달려 있다. 그리고 일정 수의 사람이 모이면 또 오른다. 이런 식으로 2피치 이상 계속 오르는 등반 형태이다. 북한산 인수봉에서 가장 긴 루트는 12피치를 올라야 정상에 도달할 수 있다.

멀티 피치 등반에서는 90% 이상의 등반자가 헬멧을 쓰는데, 단피치 등반에서는 90% 이상이 헬멧을 쓰지 않는다. 20m에서 떨어지나 100m에서 떨어지나 위험한 것은 마찬가지인데도 말이다.

16년 전 등반을 시작할 때부터 나는 멀티 피치에서는 물론이고 단피치에서도 헬멧을 썼다. 안전을 위해서 당연히 그래야 하는 것임에도 불구하고, 그때는 그것이 오히려 눈치가 보이는 행위였다. 그러거나 말거나, 나는 나의 안전을 위하여 지금까지 헬멧을 써오고 있으며 나와 함께 하는 분들은 그것을 당연한 것으로 여긴다.

내 도움이라고 말하는 것은 아니고, 지금은 단피치 암장에서도 50% 이상의 등반자들이 헬멧을 착용한다. 나머지 분들도 눈치 보지 말고 쓰시길 바란다.

진짜 문제가 되는 곳은, 일반인들도 대개 알고 있는 인공 암벽으로 이는 올림픽에 종목에 채택되었다. 거기에서 헬멧을 쓰는 클라이머의 비율은 거의 0%에 가깝다. 쓰는 것이 오히려 이상한 것으로 여겨지고 있다. 나는 인공 암벽 스포츠클라이밍에서도 헬멧을 써야 한다고 주장한다. 바닥으로 안 떨어진다고 말하는 사람도 있는데, 안 떨어질 거 같으면 로프는 왜! 매는가? 그냥 하지.

최대 15m에 떨어질 수 있다. 주관 주최하는 관계 단체는 헬멧 착용을 필수 매뉴얼에 넣기를 바란다. 올림픽 경기에서도 헬멧 착용을 필수로 넣기를 촉구한다. 어쨌거나 나를 포함하여 누군가는 선구자가 되고 누군가는 백 마리째 원숭이가 되어 안전한 행동 모델이 문화로 정착되길 바란다. 이런 문제에 관하여 나는 대단히 고집스러운데, 이것은 보수적일까 진보적일까?

♦ 수천만 중에 나 하나의 정치적 의미

보수와 진보의 다툼은 문제 될 게 없다. 그것을 악용하는 나쁜 정치인들이 있을 뿐이다. 자신들의 탐욕을 가리는 포장이다. 보수와 진보 진영으로 가르는 논리는 둘이 나눠 먹기 위한 짜고 치기다. 폐족의 위기에서도 최소한의 지지기반을 유지하여 살아남으려는 좀비 전략이다 이들에게 기대할 것은 전혀 없다. 문제는 우리 시민 자신들이다.

> "당신은 전쟁에 관심이 없을 수도 있지만,
> 전쟁은 당신에게 관심이 있다."
>
> -레온 트로츠키. 러시아의 정치인

여기에서 전쟁을 정치라는 단어로 바꾸어도 똑같은 의미를 가질 수 있다. 내가 아무리 정치에 관심이 없어도 정치는 내 삶에 깊숙이 관여하고 있다. 아무도 정치를 피해 갈 수 없다. 사람은 물론이고 한강, 낙동강, 금강, 영산강도 정치에 의해서 뒤집어졌다.

산 밑을 뚫고 길을 내려는 정치 경제적 시도에 온몸으로 반대하던 분들도 있었다. 설악산 케이블카 찬성 반대 논란은 정치와 아무런 관계가 없는가? 환경보호단체 그린피스(Green Peace)는 바다와 싸우고 있단 말인가, 정치가 아니라? 일본의 방사능 해양 투척은? 피해 갈 수 없으면 맞서야 한다. 관심을 가지고, 공부하고, 참여해야 한다. 올바른 정치인을 만드는 것은 깨어있는 시민이다. 사기꾼 정치인들이 만든 보수와 진보의 틀에서 벗어나야 한다. 판단하기 어려울 땐 본질을 파고들어 최우선 순위를 가려라.

본질에 가까워질수록 답은 명료해진다. 위 헬멧의 예에서 본질은 등반자의 '안전'이며 정치의 본질은 국민의 '안전, 복지, 행복' 이런 것들이다. 어느 정치인이 이러한 본질에 가까운지 아닌지를 알기 위해서는 많은 공부가 필요하다. 자기가 지지하는 스피커의 얘기만 들을 것이 아니라 그 반대 스피커의 이야기도 들어야 한다. 반대쪽 이야기를 듣고 스스로 반박하는 논리를 펼치지 못한다면 그 말에 일리가 있을 수도 있다.

국민으로서 나의 의지를 관철하는 가장 큰 힘은 투표이다. 수십만 수백만의 표 차이가 나는데 내 한 표는 한강에 돌 던지기? 아니다. 일억이라는 엄청난 수치도 결국은 1들의 합이다. 당신의 한 표는 사회의 대변혁을 가져오는 결정적인 전환점이 될 수 있다.

우리의 소원은 통일인가?

물론 결혼하는 사람들이 훨씬 더 많지만, 요즘에는 결혼하지 않는 사람들도 꽤 있다. 결혼으로 인해 자기 삶이 더 좋아질 거라는 확신이 없기 때문이겠지. 반대로 결혼하는 사람들은 의식적으로든 무의식적으로든 결혼으로 인해 더 행복해질 것을 기대하기 때문이다.

하고 싶은 말은 결혼이 더 나은 삶을 위한 수단이지 그 자체가 인생의 목적이 될 수는 없다는 것이다. 수단은 바꿀 수도 있고 여러 가지 선택지가 있을 수도 있다. 그렇기 때문에 그 수단을 회피하는 사람도 있고, 했다가 다시 무르는 사람도 있고, 결혼함으로써 더 행복해지기에 성공한 사람도 있다.

한반도 통일도 마찬가지이다. 단점도 물론 있겠지만, 이점이 훨씬 막대할 것으로 추정된다. 그 세부적인 것을 설명하자는 것은 아니고, 통일이 엄청난 이점을 위한 수단이지 그 자체로 목적은 아니라는 걸 말하고자 함이다.

따라서 그 수단을 너무 고집할 필요는 없으며 고집한다고 될 일도 아니다. 유사한 이점을 낼 수 있고, 실현 가능하다면 그런 수단들부터 써야 한다. 서로 인정하며 신뢰를 회복하고, 경제 교류를 하면서 서로 이득을 취하고, 문화 교류를 통해서 이질감을 없애고, 군사적 비용을 줄이다가, 연방제니 뭐니 그런 것들을 고려해볼 수도 있고, 그러다 보면 어느 날 통일이 가까워질 수도 있는 것 아닐까? 관심 갖고 썸타고 연애하다가 결혼하듯이 말이다.

마마보이라는 용어가 있다. 엄마 등에 기대어 비독립적이고 비자주적인 사람은 그 배우자 입장에서는 골치 아프다. 이런 사람과 함께 중요한 결정을 내릴 수는 없다. 어차피 엄마의 허락이 있어야 하니까.

북한의 입장에서 보면 남한은 마마보이로 보일 수도 있다. 그렇다면 남한은 미국과 좋은 동맹 관계는 유지하되, 독립적이고 자주적인 자격과 능력을 갖추어야 한다. 그럴 때 저들은 우리와 협상하는 것이 현실적인 진전을 가져온다고 여기고 다가올 것이다. 남한의 입장에서 보면 북한은 독단적인 변덕쟁이로 보일 수 있다. 혼자 결정하고 언제 변할지 모르니 협상의 의미가 없겠다.

이렇게 서로 진심으로 입장을 바꾸어 생각해 본다면, 굳이 통일이 아니어도 좋다. 서로 좋은 이웃으로 잘 지내다가, 많이 가까워지고, 함께 하는 게 서로의 삶을 더 나아지게 한다는 확신이 들 때, 그때 비로소 통일을 생각해 볼 수도 있다.

그러나 이혼한 두 사람이 다시 합치는 것은 지극히 어려운 일일 것이다. 다만 적대적일 필요는 없다. 서로의 인생에 좋지 않다.

아포리즘 - 13 사랑

누군가를 진정으로 사랑한다면, 나를 만나기 이전에 그가 누려 왔던 기쁨을 존중하라. 자신을 위해 상대의 것을 버리게 한다면, 그것으로 인해 그를 떠나보내게 될 것이다. 기다려라.

오만과 겸손에 대하여, 오름과 내림

인간은 내려가는 법을 모른다.

딸아이를 키우면서 더욱 절실하게 느낀 것인데, 어릴 적에 집에서 병아리를 키우면서, 또 어른이 되어서 강아지를 키우면서도 종종 목격했던 장면이 있다. 새끼들은 누가 시키지도 않았는데 본능적으로 오르려고 무던히도 애를 쓴다. 너무 딱해서 올려주고 싶지만, 그것이 무슨 의미가 있겠는가? 하여간 실패하고 또 실패를 거듭하지만 그다지 우려할 만한 사건은 벌어지지 않는다.

어느 날 문득 그들은 오르려던 곳에 용케도 올라가 있는데, 사건은 이때부터이다. 수백 번 수천 번, 시도해서 올라갔을 그곳에서 단 한 번 제대로 내려오는 법을 모른다는 것. 울거나 당황해하거나 배회하다가 운 좋게 구조되는 경우도 있지만 그 나머지 대부분은 떨어진다. 내려오는 것이 아니라.

인간이 오르는 방법을 처음부터 제대로 배우는 것은 아니지만 어느 정도는 본능에 탑재되어 있다. 그러나 내려가는 것은 배우지도 못할 뿐만 아니라 본능에 속해 있지도 않다. 따라서 내려가는 것은 오르는 것보다 훨씬 더 어려운 것이다. 이 말에 동의하지 않는다면 다음 물음에 정확히 답할 수 있어야 한다.

 "암벽등반에서 사망 사고의 90% 이상이 왜 하강 시에 일어날까?" 너무 쉬우니 방심해서라고 말한다면 그것은 틀린 답이다. 정답은 '어렵기 때문'에다.

 '마의 11분'이라는 말은 비행기가 이륙할 때 3분 착륙할 때 8분, 합해서 11분이다. 물론 이륙도 어렵고 위험하지만, 비행기의 대형 참사는 대부분 착륙 시에 일어난다. 정말 황망하게도 24년 12월 29일 무안공항에서 발생한 제주항공 여객기 사고를 떠올리지 않을 수 없다. 179명의 생명을 순식간에 앗아간 어처구니없는 참사였다.

 조류 충돌이 사고의 원인이라고? 새들이 그곳을 지나다니고, 언제든 비행기와 충돌할 수 있다는 것은 이미 아는 사실 아닌가? 그렇다면 새들을 쫓기 위해 인력과 장비를 더 썼어야지. 비행기가 충돌한 울타리 외벽을 진작에 안전하게 바꾸었어야지. 어렵고 위험한 일에 미리 대비하지 않아서 생긴 일이다. 결국은 인재(人災)인 것이다.

 비행기가 이륙할 때 드는 분당 에너지양은 순항할 때 드는 것의 3배 정도이다. 로켓의 경우에는 이륙 초기에 모든 에너지의 거의 전부를 써버린다. 어렵기 때문이다. 그런데 착륙은 더 어렵다. 착륙 시에 에너지가 덜 든다고? 아니, 덜 들이니까 사고가 나는 것이다. 에너지라고 하는 것은 비행기가 소비하는 기름이 다가 아니다. 기름은 에너지의 일부일 뿐이다. 착륙을 위해 소요되는 모든 것을 상상해 보자.

2025년 3월 초. 미국의 화성 탐사선 스타십이 발사되었지만 이상 연소로 인해 그 임무에는 실패했다. 그럼에도 불구하고 관계자들은 환호성을 질렀다. 그 사정은 이러하다.

'슈퍼헤비'라는 1단계 추진체가 일정 고도에서 2단계 우주선 '스타십'이 정상 궤도까지 갈 수 있도록 밀어준다. 그러니까 1단계 추진체가 없으면 2단계 우주선은 그 어디도 갈 수 없는 것인데, 이 발사에 성공한 사례는 수도 없이 많다. 문제는 로켓이 발사된 후 1단계 추진체는 바닷물에 빠져버린다는 것. 어마어마한 시간과 노력, 그리고 돈이 들어간 추진체는 그렇게 버려졌다, 지금까지는. 그것을 발사 원점으로 무사히 착륙시켜 회수하는 데 성공한 것이다.

우주선이 우주로 나가는 데 실패했음에도 불구하고 발사체를 회수한 것에 대해 그들은 환호하며 역사에 기록될 날이라고 했다. 왜? 가장 어려운 일에 성공했기 때문에. 이 모든 논리가 증명한다, 이는 오름보다 내림이 더 어렵다는 것을 말해주고 있다.

오름은 오만의 영역이고, 내림은 겸손의 영역이다. 사람들은 정상에 올랐을 때 환호하고 감사 기도를 올리기도 한다. 그러나 하강을 다 마치고 내려왔을 때 감사를 표하는 사람은 보지 못했다. 나 역시도 그러지 않았는데, 이 글을 쓰면서 반성하게 된다.

　겸손의 영역인 내림을 배우는데 더 많은 시간과 노력을 들이고 끊임없이 그 중요성을 강조해야 한다. 매뉴얼도 만들어 철저하게 지켜야 한다. 그러나 현실은 그렇지 않기 때문에, 즉 제대로 시간과 노력을 들여 배우지 않았기 때문에 어려운 것이고, 어려운 것이기 때문에 사고가 일어난다.

　나는 지금까지 내려가는 것에 대해서 말했다. 떨어지는 것 말고, 안전하게 내려가는 것에 대해서….

ASPD(반사회적인격장애)란 무엇인가?

 사이코패스도 있고 소시오패스도 있다. 선천적이냐 후천적이냐, 그리고 증상의 정도와 양상에 따라서 구분한다고 하는데, 어쨌든 결과는 비슷무리하게 사회적이지 못하다. 물론 이런 증상을 가진 사람 중에서는 사회에 훌륭한 역할을 하는 분도 계실 것이라고 확신한다. 그런 분들께 죄송하고 감사하다는 말을 전하며 이야기를 이어간다.
 타인의 어려움이나 고통에 공감하지 못하며 자신이 이미 취한 행동에 대한 죄책감도 결여되어 있다는 것이 장애의 특징이다. 그러므로 계획적으로 또는 충동적으로 범죄를 저지를 가능성이 크다. 특히 사이코패스는 범행 계획이 치밀하고 자신의 행동을 잘 위장할 줄 알기 때문에 사회적으로 성공한 위치에 있을 가능성이 크다.

 반면에 소시오패스는 충동적인 감정을 조절하기 힘들고 위장도 못 하기 때문에 사회적으로 성공했을 가능성이 매우 낮다. 이 둘이 마구 섞인 경우도 있다. 장기적으로는 치밀한데, 단기적으로는 매우 충동적으로 흔들리며, 치밀하게 거짓말을 하다가도 금방 들통나는 어설픈 거짓말을 하기도 한다.

 2025년 7월 100년 만에 엄청난 폭우가 쏟아졌다. 그 참상을 TV로 보면서 한 사람이 생각났다. 2022년 8월 신림동 반지하 침수 때 정장 구두를 신고 가서 반지하 방을 들여다보던 사람….
 "퇴근하다 보니까 이미 다른 아파트들이 침수가 되더라구."
 그러고는 집으로 돌아가서 전화질만 해댄 그는 대통령이었다. 퇴근 때 침수를 보고도 집으로 갔으면 소시오패스이고, 침수를 보지도 않고 보았다고 말했으면 사이코패스이다. 아니 명칭이 무엇이든 그는 사회 부적격자이다.

 2024년 1월 충남 서천 시장 화재 사고 때는 어땠는가? 현장을 점검하고 피해 국민들을 위로하러 간다고 해놓고는 정치쇼 사진만 달랑 찍고 왔다. 그가 만난 사람은 상인회장 1명, 그것도 딱 10초간, 이를 두고 시장 상인 중에서 '불구경 하러 왔냐'는 원성이 터져 나오기도 했다.
 22년 10월 29일 이태원 참사 때는 뭐라고 했던가? 박홍근 국회의원의 폭로에 의하면, 김진표 국회의장이 당시 원내대표에게 전하길, 대통령인 그가 다음과 같이 말했다고 한다.
 "JTBC와 같은 좌파 언론들이 인원이 많이 모이게 유도했으며…

특정 세력, 인사에 의한 범죄성 사건의 가능성 의심…."

159명의 젊은이들이 죽어간 참사를 앞에 두고 저런 음모론을 펼치는 것이 그렇게 중요했을까? 그들의 슬픔과 고통에 대해서는 단 1의 공감력도 없는 것일까? 진정 인간이 그럴 수 있단 말인가?

인간이 그럴 수 있다는 것을 인정하고 나도 음모론 하나를 제시해야겠다. 이태원 참사는 특정 세력이나 인사가 의도적으로 만들어낸 사고는 아닐 것이다. 그러나 누군가가 방치했거나 또는 누군가의 실수로 발생한 인재(人災)임이 분명하다. 그 누구는 누구일까?

사회 부적격자 또는 반사회적 인격장애자가 공적 권한을 가지지 않을 때는 그냥 본인의 문제이거나 소규모 범죄일 수 있다. 그러나 그들이 공적 권한을 가질 때, 그리고 그 힘이 점점 위로 올라갈수록 대규모 참사가 발생할 수 있다.

* 덧붙임 말

글을 쓰는 사이에 어이없는 일이 또 하나 발생했다. 폭우로 인해 재난이 발생했는데, 그 지자체의 시장이 다른 지역의 야유회에 참석하여 노래하고 춤도 추었다고 한다. 진위는 정확히 가려져야 하겠지만, 사실이라면 그는 반사회적 인격장애자일 가능성이 크다. 또한 그와 관련하여 사람이 죽기라도 했다면, 직무유기에 의한 미필적 고의 살인죄에 해당할 수도 있다.

숫자 살인

 승객 50명을 태운 버스가 강물에 추락했는데 50명 죽으면 대형 참사, 10명 죽으면 소형 참사, 1명 죽으면 불행 중 다행? 아니다. 이러한 구분은 제3자들의 냉혹한 분류일 뿐, 피해자 입장에서 이러한 숫자의 구분은 아무런 의미도 없다. 해당자인 '나'에게는 모든 것이 끝일 뿐이다. 숫자를 가지고 대형이냐 아니냐를 명명하고, 숫자를 사회적 참사의 기준으로 삼는 것에 반대한다. 인간의 존엄성이 숫자에 의해 왜곡되고 무시되어지기 때문이다.

 중요한 것은 나의 잘못으로 나만 피해를 입었느냐, 아니면 나로 인해 타인이 피해를 입었느냐이다. 후자의 경우가 사회적 참사이다. 칼로 찔러 타인을 죽게 만든 것이 살인이듯이, 안전 의심 신고가 있었는데도 조치를 취하지 않아 옹벽이 무너져 사람이 죽게 한 것도 살인이다. 여기에 다른 나쁜 의도가 더해졌다면 그 죄에 대해서는 더욱 무거운 처벌을 내려야 한다.

어쩔 수 없는 자연재해에 의한 죽음보다도 고의적 또는 방치적 살인 사건이 사람을 더 슬프게 만든다. 분노를 가장 치솟게 만드는 것은 숫자 살인이다. 많은 참사들 중에서 가장 기억에 남는 숫자 살인은 1999년 6월 30일 화성 씨랜드 화재 사건이다. 19명의 유치원생과 강사 4명이 숨진 사건이다. '사건'이라고 했는데, 그것은 사건이라 부를 수 없으며 사고라고는 더더욱 부를 수 없다. 살인이다. 다음은 이 숫자 살인 사건의 전말이다.

- 원래 1층짜리로 허가받았지만, 불법으로 50여 개의 컨테이너를 3층으로 쌓아 올렸다.
- 비용 숫자를 줄이기 위해 인화성이 강하고 유독 가스를 배출하는 스티로폼과 목재를 사용하였다.
- 일정 숫자의 뇌물을 받고 관련 공무원들이 불법 건축을 허가해 주었다.
- 이미 일정 숫자의 뇌물을 받았으므로 소방 점검도 제대로 이루어지지 않았다.
- 일부 유치원은 인솔 교사 인원 숫자를 지키지 않았다.
- 수련원 관계자들은 아이들을 적절히 대피시키지 못하고 심지어는 현장을 이탈하기도 하였다. 특히 301호 어린이들은 창가에 몰린 채 그 시신들이 발견되었다.

지켜야 할 숫자는 지키지 않고, 금단의 숫자를 욕심낸 사람들 때문에 그 어린 생명들이 참혹하게 죽어갔다. 자신들의 행위로 인해 아이들이 죽을 수 있다는 것을 인지했느냐 못했느냐가 중요한 것일까?

형법은 과실치사냐, 미필적 고의냐, 충동 살해냐, 계획 살해냐를 구분하고 그에 따라 형량도 달라진다. 이렇게 차이를 두는 것이 일리는 있지만, 결과가 죽음이라는 것은 다르지 않으며, 그 본질은 살인이다.

숫자에 의해서 심각성이 달라질 수도 없다. 1명이건 100명이건 해당 피해자의 죽음의 결과는 같다. 각각 당사자의 온 우주는 소멸했으며 유족들의 세계는 파괴되어 평생을 괴롭게 살아갈 것이다.

음주 운전으로 사람을 치어 죽여도 살인이고, 홍수 때 수문을 제시간에 열지 않아 사람을 죽게 만들어도 살인이다. 규정과 의무를 지키지 않아 일어난 죽음은 모두 살인죄가 적용되어야 한다.

문제 해결을 위한 일반적인 시각과 특수한 시각

아주 오래전 얘기다. 딸아이와 서점에 갔다가 오는 전철 안이었다. 애가 네 살쯤 되었을 때인 것 같은데, 아무튼 수수께끼 책을 하나 샀는데, 나더러 자꾸 문제를 내보라고 한다.

"치우면 안 보이고 가리면 잘 보이는 것은?"

항이는 맞히지 못한다. 책에 쓰여 있는 정답을 보니 '안경'이라고 되어 있다.

"왜, 어떻게?"

"안경으로 눈을 가리면 잘 보이는데, 안경을 치우면 안 보이잖아."

"아닌 것 같은데…."

"맞잖아."

항이의 안경을 벗겼다.

"봐, 안경을 치우니까 안 보이지?"

"아닌데…."

"뭐가 아냐, 벗으니까 안 보이잖아."

"잘 보인단 말이야."

"엥, 정말?"

나는 다시 안경을 쓰여주었다.

"지금은?"

"더 안 보여."

아, 맞다. 항이가 쓰고 있는 안경은 사시 교정용이었다. 아빠라는 사람이 그런 것도 생각하지 못했다는 것이 미안했다.

안경은 두 가지 측면이 있다. 시력을 보정하여 일상에서 남들과 비슷하게 만들기 위한 일반화가 하나이다. 또 한 측면은 남들과 달리 보여야 하는, 예컨대 야간투시용, 용접용, 잠수용 등등…. 특별한 용도를 위한 특수화이다. 그들에게는 서로 다른 세상이 보일 수 있지만, 그럼에도 불구하고 공통점이 있다.

문제를 해결하기 위한 것이라는 점이다. 사시 교정용 안경은 특수화의 영역이어서 일반화의 관점으로는 이해하기 어렵지만, 그러나 그 역시도 장기적으로 눈의 문제를 해결하기 위한 특수한 수단이다. 모든 안경의 용도는 어떤 상황에서 '잘 볼 수 있도록' 문제를 해결하기 위한 것이다. 이것이 공통적 본질이다.

이 에피소드를 써야겠다고 생각하게 된 계기는 클라이밍 슈즈 때문이었다. 암벽화는 운동화보다 한두 치수 작게 신어야 한다는 것이 일반적이다. 그런데 그렇게 신지 못하는 특수한 사람도 있다. 그들도 작게 심어야 등반이 잘 된다는 것을 알고는 있다. 하지만 이런저런 이유로 도저히 그게 안 되는 사람도 있다는 것을 이해해야 한다. 일반화의 시각으로 특수한 상황에 처한 사람들을 추궁해서는 안 된다. 그들이 처한 상황 속에서 암벽등반이라는 본질을 구현하는 다른 최선을 찾아가는 것이 문제를 해결하는 올바른 방식이다.

이제는 이 챕터 쓰기를 실행에 옮기게 된 계기를 말해야겠다. 전 정부 국무위원이었던 송미령 농림축산식품부 장관이 이례적으로 현 정부에서 유임되었다.[2] 전 정부에서 양곡관리법 개정안이 두 번씩이나 거부권이 행사되도록 기여한 사람이다. 그때는 그것이 틀렸다고 거부한 사람이 지금은 옳다고 추진해야 하는 입장이 된 것인데, 그는 스스로 자기모순에 빠진 것일까?

쌀값이 자꾸 하락하면, 농사를 포기하는 사람들이 늘어나서 쌀 생산이 떨어지는데, 쌀은 국가의 가장 근본적인 전략 먹거리로, 일정 생산을 유지해야 하기 때문에, 국고를 들여서라도 쌀을 수매하여, 농사가 유지되도록 가격을 유지해야 한다는 것이 양곡관리법의 목적이다.

개정 전의 양곡관리법은 일정 조건이 되었을 때 정부가 쌀을 '수매할 수 있다'는 것이다. 그런데 두 번의 거부권이 행사된 개정안은

---

[2] 윤석열 정부의 장관이었는데, 25년 6월에 당선된 이재명 정부에서도 유임되었다.

'수매하여야 한다'로 그 내용이 바뀌었다. 대부분 농부들의 입장에서는 개정안에 찬성하는 것으로 알고 있다.

'수매할 수 있다'고 하면, 상황을 보다가 이미 가격이 내린 후에 사들여 봐야 타이밍을 놓쳐서 아무런 효과가 없고, 따라서 농부들은 의욕을 잃고 농사를 포기할 수밖에 없다는 것이다. '수매하여야 한다'고 하면 일단은 가격이 유지되지만, 농부들은 다른 대책을 찾지 않아 생산과 비축량은 계속 과잉되어, 국고만 탕진될 뿐 장기적으로 보면 역시 쌀값은 하락할 것이라고 주장한다. 나의 안경으로 바라볼 때, 둘 다 일리가 있다. 둘 다 일리가 있다는 것은 둘 다 뭔가를 빠뜨렸다는 것이다.

전 정부에서의 송미령은 개정안인 '수매하여야 한다'에 강력히 반대하면서 그것을 농업을 망친다는 의미의 '농망법'이라고 비난했었다. 그런데 현 정부에서의 송미령은 '수매하여야 한다'에 찬성할 뿐만 아니라 그 정책을 이끌어가는 장본인이 된 것이다. 무엇이 달라진 것일까?

전에는 보지 못했거나, 또는 일부러 외면했던 '특수'한 것에 눈을 뜬 것이다. '사후' 처리만 생각했던 일반론에서 벗어나 '사전' 예방이라는 특수한 해법이 그것이다. 절대적으로 수입에 의존하는 밀이나 콩으로의 생산 전환을 유도하는 등, 사전 수급 조절을 통해 쌀의 과잉 생산을 방지하여 가격을 안정화시킨다. 그래도 안 되었을 때는 '수매하여야 한다'는 것이다.

 송미령은 어떻게 편협한 시각을 버리고 일반과 특수 모두를 두루 살피는 넓은 시야를 확보하게 되었을까? 미리 정해진 오직 '반대'만을 보여주는 안경을 벗어버렸기 때문인데, 이는 리더가 바뀌고 환경이 바뀌었다는 데에서 기인했다고 본다.
 아무튼 이 정책이 제대로 성공하리라는 보장은 없다. 그러나 극과 극을 오가며 치열하게 고민하고 치밀하게 계산된 정책이라 믿고, 꼭 성공하여 농민도 잘살고 국가의 전략 무기 체계도 잘 유지되기를 간절히 기원한다.

아포리즘 - 14 　희생에 관하여

저급한 인간은 자신이 한 일을 희생이라고 한다. 고귀한 사람은 그 일을 자신이 좋아서 했다고 한다. 자신의 행위를 희생이라고 말하는 자는 그 어떤 희생도 하지 않은 사람이다.
국민에게는 고귀한 지도자가 절실하다. 그는 자신에게 할 일을 맡겨 자신을 행복하게 해준 국민에게 오히려 감사한다.

외계인은 올까?

◆ **하나의 견해**

안 온다. 쇠꼬챙이 찔려 피 흘리는 돌고래처럼 될까 봐, 쓸개에 빨대가 꽂히는 곰처럼 될까 봐, 둥지를 빼앗기고 멸종되어 가는 새처럼 될까 봐 오지 않는다. 온다면 UFO라는 것을 타고 올 텐데, 그걸 만들 줄 아는 똑똑한 외계인이 왜 그걸 모르겠는가. 세균 실험으로 쓰일 마루타가 될 수도 있다는 것을, 터전을 빼앗기고 학살당한 인디언처럼 될 수도 있다는 것을 왜 그들이 모르겠는가.

〈반론〉

반대로, 외계인이 지구를 정복하면 되지 않겠는가.

〈반론에 대한 반론〉

천만에. 그럴 수 있으면 벌써 왔지. 정복할 수 있는데 왜 정복하지 않겠는가. 우리 인간 역시도 가만히 있질 못하고 능력만 되면 정복 전쟁을 벌이잖아. 그러니까 외계인은 지구까지 날아올 UFO를 만들 수 없다. 지구를 정복할 능력이 되지 않는 것이다.

〈'반론에 대한 반론'에 대한 반론〉

왜 우리 인간을 기준으로만 생각하는가. 외계인은 지구를 정복할 충분한 능력이 있음에도 불구하고 평화로운 공존을 추구하는 종족일 수도 있다.

〈'반론에 대한 반론에 대한 반론'에 대한 반론〉

바로 그 이유 때문에 오지 않을 것이다. 평화를 사랑하는 종족은 굳이 다른 곳을 넘보거나 침입하지 않아. 오직 인간만이 배고프지 않아도 사냥하고, 재미로 다른 생명을 죽이고, 충분한 땅이 있어도 영역을 넓히지.

〈결론〉

영원히 UFO는 지구에 오지 않을 것이며, 따라서 외계인도 만날 수 없다. 그러나 어딘가에 외계인이 있다면, 당신들을 위해 기원한다. 인간들이 당신들을 찾아낼 수도 있다. 부디 그들과 맞닥뜨리지 않기를….

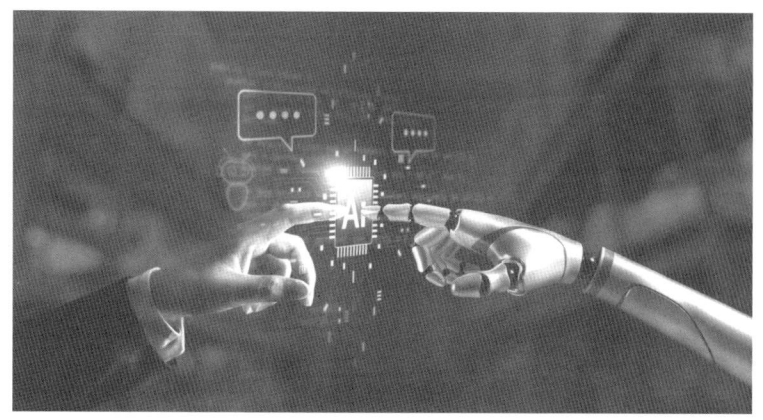

아포리즘 – 14   **인간의 굴레**

핵무기, 혜성, 기후 변화, 인공지능 AI. 인간의 굴레는 인간을 인간이 되게 하는 모든 것, 특히 인간 그 자체이다.

인간은 선한 존재인가
악한 존재인가

인류는 자멸 성향의 역사를 가지고 있는가? 즉 생태계를 파괴하여 자신들의 주거 환경을 폐허로 만듦으로써 스스로 자멸할 수 있는 운명은 아주 오래된 호모사피엔스의 성향인가, 아니면 산업혁명을 전후한 근대인 이후의 일인가? 이것을 인식하는 일은 실로 중요하다.

최근까지 사람들은, 인류 자멸의 성향이 현대 문명의 폐해라고 일컬어왔다. 그러나 미국의 인류학자 재레드 다이아몬드(Jared Mason Diamond)에 따르면 그것은 잘못된 인식이다. 그에 의하면,

원시인들이 자연과 조화를 이루며 어떤 환경의 파괴도 없이 살았다는 '황금시대'에 관한 전설은 환상이다. 아무도 살 수 없을 것 같은 사막에서 발견된 유적을 보고, 어떻게 그런 곳에 그런 거대한 문명을 세웠을까 하고 사람들은 감탄하겠지만 실은 그렇지가 않다. 그들은 사막에다 문명을 세운 것이 아니라, 처음에는 비옥한 땅에

다가 세웠지만 그들 스스로 그곳을 황폐화시켜 그곳이 사막화된 것이다.

그의 통찰은 매우 타당하다. 인류의 파괴 성향은 단지 현대 사회만의 사악한 단면이 아니다. 원시 시대에도 인류는 나무를 벌목하고 많은 종의 동물을 멸종시키는 등 환경을 파괴했다. 뿐만 아니라 그들은 대규모 제노사이드(집단학살)도 자행했다. 다만 그때와 지금이 다른 점이 하나 있는데, 지금의 환경 파괴와 집단학살 기술이 옛날과는 비교도 안 될 정도로 훨씬 더 효율적이라는 것이다.

천 년 동안 할 수 있는 것을 지금은 단 하루에, 백만 명이 할 수 있는 것을 지금은 단 한 명이, 천만의 노력으로 할 수 있는 것을 지금은 그저 손가락 하나로 할 수 있게 된 것이다.

그렇다면, 인류의 자멸 성향이 본원적인 것인가, 아니면 현대적인 일시적인 현상인가를 따지는 일이 왜 중요하다는 말인가? 만일 우리가 그것을 단지 현대 문명의 병폐라고 인식한다면, 인류의 자멸을 막을 길이 없기 때문이다. 세 가지 이유가 있다.

첫째, 대책이라는 것이 현대의 문제에만 국한된 미봉책이 될 것이다.

둘째, 새로운 실험을 할 여지가 우리에겐 없다. 그것은 곧바로 인류 전체의 멸망으로 이어질 것이기 때문이다. 우리에겐 과거의 통찰을 통해서 미래를 결정할 수 있다.

그럼에도 불구하고 사람들은 왜 인류 자멸 성향을 현대만의 특수한 현상이라는 인식을 버리지 못하는 것일까? 무지해서 그렇게밖에 생각하지 못하는 것이 아니라면 이유는 간단하다. 그렇게 생각하는 것이 더 희망적이기 때문이다. 성악설에서처럼 인간은 원래 악한 존재인데, 지금도 그러한 성향을 버리지 못하고 있는 현실을 볼 때 절망적으로 느끼는 건 당연하다. 반대로 성선설을 받아들인다면, 일시적인 지금의 악한 성향이 선했던 원상태로 돌아가기 쉽다는 희망을 가질 수 있는 것이다. 그 심정이 충분히 이해는 간다. 그렇다고 진실을 외면하는 것은 오히려 문제의 본질을 흐리게 하여 인류를 완전한 절망에 이르게 할 것이다. 이것이 세 번째 이유이다.

인간은 원래 악하지도 원래 선하지도 않다. 굳이 따진다면 둘을 모두 가지고 있는 중첩 상태에 있다. 당신의 생각과 행동이 인간을 어느 한쪽으로 특징지을 것이다.

아포리즘 – 16 화두

왜 사는가? 이에 답하기 전에 더 근원적인 질문에 답해야 한다.
왜 사는가, 라는 의문을 왜 가지는가, 인간은?

절벽 끝에 걸린 철학

초판 1쇄	2025년 10월 23일
지은이	김종식
발행인	김재홍
교정/교열	김혜린
디자인	박효은
마케팅	이연실
발행처	도서출판지식공감
등록번호	제2019-000164호
주소	서울특별시 영등포구 경인로82길 3-4 센터플러스 1117호 (문래동1가)
전화	02-3141-2700
팩스	02-322-3089
홈페이지	www.bookdaum.com
이메일	jisikwon@naver.com
가격	15,000원
ISBN	979-11-5622-962-9 03190

ⓒ 김종식 2025, Printed in South Korea.

- 이 책은 저작권법에 따라 보호받는 저작물이므로 무단전재와 무단복제를 금지하며, 이 책 내용의 전부 또는 일부를 이용하려면 반드시 저작권자와 도서출판지식공감의 서면 동의를 받아야 합니다.
- 파본이나 잘못된 책은 구입처에서 교환해 드립니다.